AF748259

L'administration de la justice au Cameroun

Mathieu TANKEU

L'administration de la justice au Cameroun

Vers un dépassement de la colonialité

L'Harmattan
Cameroun

Du même auteur

Les fondements divins du serment : le cas du magistrat, Éditions CLE, mars 2012, ISBN : 978- 9956- 0 -9192- 8.

Enquête au cœur du phénomène des coupeurs de route, L'Harmattan, 2013, ISBN : 978 -2 -343 -01185- 1.

Le brevet d'invention au Cameroun : les tares du contentieux civil, L'Harmattan, 2014, ISBN : 978- 2- 343- 03943- 5.

5-7, rue de l'École-Polytechnique, 75005 Paris

http://www.editions-harmattan.fr

ISBN : 978-2-343-19161-4
EAN : 9782343191614

DÉDICACE

À

- Zoe Yedida
- Chris Nathan
- Glory Jane
- Yaelle Rhema

REMERCIEMENTS

J'exprime ici ma profonde gratitude à tous les bien aimés qui n'ont ménagé aucun sacrifice pour m'apporter leurs aides multiformes au cours de la réalisation de ce travail, notamment le Dr Edouard KITIO, actuellement Directeur de la recherche et de la documentation de l'ERSUMA.

SOMMAIRE

AVANT-PROPOS

La conception et la rédaction du présent ouvrage nous ont été suggérées par la préface du professeur Joseph Owona de l'ouvrage intitulé : *L'administration publique camerounaise à l'heure des réformes*[1].

Dans ladite préface, l'éminent professeur et homme politique pétri d'expérience, jetant un regard critique sur les réformes déjà subies par l'administration camerounaise, s'est interrogé sur leur impact sur l'évolution de l'État de droit dans notre pays en ces termes :« L'État camerounais… a-t-il réellement progressé au rang de l'État de droit et de démocratie post colonial et authentique ? ».

Faisant la même observation sur la décentralisation en cours dans notre pays, il se demande si « la décentralisation camerounaise à la mode des Gaule ayant Yaoundé pour Lutece » pouvait faire couleur locale, et d'ajouter : « Rompt-elle avec la colonialité substantielle de notre État ? ».

À travers ces deux préoccupations, l'auteur a voulu mettre en exergue la nécessité pour les réformes en cours et celles à venir de bâtir une société camerounaise authentique, débarrassée de toutes les aliénations inhérentes au passé colonial. Ce qui justifie l'usage du néologisme « colonialité », qui fait référence aux séquelles laissées par la colonisation sur des pans entiers de notre société.

---

[1]Ouvrage collectif rédigé sous la direction du professeur Magloire Ondoa, publié par Harmattan Cameroun en octobre 2010. ISBN : 978-2-296-13540-6.

En fait, dans la littérature militante, le concept de colonialité renvoie à toutes les formes de domination politique d'un groupe par un autre, qu'elles procèdent du genre, de l'ethnie ou d'autres autoritarismes plus ou moins insidieux. Cette notion peut aussi être élargie aux traces de la période coloniale plus ou moins conscientes qui persistent dans les imaginaires collectifs. Ainsi, toute réforme digne de ce nom doit pouvoir s'orienter vers une « démocratie postcoloniale authentique » et rompre d'avec la « colonialité substantielle de notre État ».

L'ouvrage sus évoqué a passé en revue divers secteurs de l'administration publique au Cameroun à savoir : la réforme du cadre juridique des finances publiques, les transformations de l'administration fiscale, la réforme de la justice administrative, l'état des lieux de la décentralisation territoriale, l'acte de proclamation de l'élection présidentielle, la publication des actes administratifs par voie de mass-média, la pratique des déguerpissements publics, la réforme des marchés publics, les comptables publics dans le nouveau régime financier de l'État.

En nous plaçant dans le sillage de cette réflexion, nous nous sommes demandé si l'analyse du professeur pouvait s'appliquer à l'institution judiciaire de notre pays. En d'autres termes, peut-on parler d'une colonialité de la justice au Cameroun ?

Comme indiqué supra, l'ouvrage collectif circonscrit la réflexion sur la réforme de la justice administrative. S'est-il agi d'un choix opportuniste des auteurs ou bien faut-il comprendre par-là que seule la justice administrative porte les gènes de la colonialité et nécessite en conséquence des réformes authentiques ?

Quoiqu'il en soit, l'institution judiciaire dans notre pays est avant tout un ensemble composé de plusieurs organes interdépendants et complémentaires. Pour preuve : il n'existe, dans l'architecture gouvernementale, qu'un ministre de la Justice chargé des questions relevant aussi bien de la justice administrative que judiciaire. Prise sous cet angle, la réflexion sur la réforme de la justice, pour être complète, devrait embrasser tous les aspects.

Ainsi, devrait-on questionner non pas exclusivement la colonialité de la justice administrative, mais celle de la justice tout court.

Pour des raisons de commodité, il convient d'abord de définir le mot "colonialité", qui paraît comme un néologisme.

Dans l'acception générale, la colonialité est à différencier du colonialisme, ainsi que d'autres concepts qui lui sont étroitement liés, tels que le néo-colonialisme, le colonialisme interne, l'impérialisme, le néo-impérialisme, etc.

La colonialité fait non seulement référence à un modèle de pouvoir agissant dans le passé de l'anthropologie par ses articulations avec le colonialisme comme cela a été proposé dans les années 1970, mais aussi grâce aux coulisses du savoir anthropologique produit par les anthropologies hégémoniques et quelquefois même par les anthropologies subalternes aujourd'hui[2].

« Le terme "colonialité" fait allusion à la reproduction et au maintien des anciennes hiérarchies coloniales ethno-raciales dans le monde postcolonial et post-impérial. La disparition des administrations coloniales dans le monde actuel n'a pas impliqué la fin de la colonialité.

Avec les migrations coloniales de l'après-guerre, la colonialité s'est reproduite dans les métropoles ou anciennes métropoles.

---

[2]Arturo Escobar et Eduardo Restrepo, *Anthropologies hégémoniques et colonialité*. Traduction d'Amandine Delordà.

Les représentations des migrants coloniaux considérés comme une population fainéante, criminelle, sotte, inférieure, stupide, indigne de confiance, non civilisée, primitive, sale et opportuniste, découlent d'une longue histoire coloniale »[3].

La justice au Cameroun porte-t-elle des marques de la colonialité ? L'analyse des instruments légaux qui régissent divers domaines de la vie publique autorise à répondre à cette question par l'affirmative. En effet, ils demeurent similaires à ceux en vigueur dans la Métropole au moment de notre indépendance et résistent à toute tentative de modification, le cas le plus emblématique étant le Code civil napoléonien sous sa version promulguée au Sénégal par arrêté du 5 novembre 1830 qui, soixante après l'indépendance, est encore en vigueur.

On se souvient que l'article premier des accords de coopération entre la France et le Cameroun[4] disposait : *« La France devra déterminer les choix politiques, économiques et socioculturels du Cameroun »*. Faut-il comprendre que la justice faisait partie des secteurs visés par cet article et que, conséquemment, le Cameroun dispose d'une marge de manœuvre très étroite pour initier toute réforme dans ce domaine ?

---

[3]*Dynamiques migratoires de la Caraïbe*, Éditions Karthala, pp. 22-24, Boulevard Arago, 75013 Paris, ISBN 978-2-84586-849-6.

[4]Signés le 26 décembre 1959 par le président Ahidjo et la France du président Charles de Gaulle.

INTRODUCTION

À l'instar de la quasi-totalité des secteurs de la société camerounaise, la justice est à la croisée des chemins. Indispensable pour le maintien de la paix sociale, elle fait depuis un certain temps l'objet de violentes critiques. Foncièrement corrompue aux yeux d'un grand nombre de citoyens, elle est surtout taxée d'être soumise au pouvoir exécutif et n'est par conséquent ni indépendante ni impartiale.

Il ne s'agit pas d'un problème typiquement camerounais, étant donné qu'on le rencontre dans la quasi-totalité des États africains francophones : « *Quelle que soit la manière dont on envisage le problème du juge en Afrique, on ne peut éviter de partir d'un constat malheureusement bien amer : le juge africain, et par là même la justice en Afrique, est « en panne ». Ce constat n'est pas nouveau et a déjà été établi par de nombreux observateurs qui ont cherché, par de remarquables études, à découvrir les causes et à tenter de trouver des remèdes à ce phénomène* »[5].

À l'occasion de la rentrée solennelle de la haute juridiction le 28 février 2013, le premier président de la Cour suprême du Cameroun s'était longuement attardé sur le sujet en ces termes :

« Décriée, jamais auréolée, sinon rarement, la justice est accusée dans le monde de tous les maux. De tout temps, les sentences les plus sévères et les plus radicales ont été

---

[5]Alioune Badara Fall, *Le juge, le justiciable et les pouvoirs publics : pour une appréciation concrète de la place du juge dans les systèmes politiques en Afrique*, juin 2003.

portées sur elle, véhiculant ainsi à travers les âges le mépris de son action. La justice n'échappe ni à l'invective ni à la raillerie » ;

« On sait en effet que les reproches traditionnellement faits à la justice sont entre autres sa lenteur, ses atermoiements, son coût, la complexité de ses procédures, son langage ésotérique et hermétique compréhensible par les seuls initiés, l'inadéquation de ses ressources humaines et matérielles, ses budgets de misère, l'asservissement de ses serviteurs, son assimilation à la mafia par certains individus et le comble, la corruption, cette gangrène systémique qui semble ronger certains de ses membres » ;

« Ne nous leurrons pas, admettons sans fausse modestie que la plupart de ces critiques sont fondées à des degrés divers plus ou moins différents dans tous les pays. Cependant, reconnaissons que certaines sont excessives et exagérées »[6].

Vue de l'intérieur du corps de la magistrature, la gestion de la carrière des magistrats en termes de promotion de grade, de nomination à des postes de responsabilité et d'affectation dégage des disparités et des injustices qui ne sauraient laisser indifférentes. « *En Afrique, les magistrats ne cessent de dénoncer les dysfonctionnements, tant au sujet des nominations qu'au niveau des sanctions prises à leur encontre dans le cadre de procédures disciplinaires. La notation, les nominations et autres promotions, dans bon nombre de ces pays, sont loin d'être transparentes et ne semblent obéir à aucun critère précis et objectif* »[7].

---

[6]Allocution du premier président de la Cour suprême, Alexis Dipanda Mouelle, à l'occasion de la rentrée solennelle de la haute juridiction le 28 février 2013.

[7]Alioune Badara Fall, *Les menaces internes à l'indépendance de la justice*. Disponible sur le site : « Alioune Badara Fall. Les menaces internes à l'indépendance de la justice ». L'indépendance de la justice,

Au sein de l'opinion publique, les magistrats auteurs des décisions décriées sont les cibles premières de la plupart des critiques. Ce faisant, on perd rapidement de vue le fait que le magistrat n'est rien d'autre que le produit du système qui l'a façonné et que sauf circonstance exceptionnelle, il ne peut en être autrement. « *On s'est beaucoup plaint, certes à juste titre, mais assez souvent à tort, de l'inefficacité des juges africains. On les jette en pâture sans aucune autre forme de procès et surtout sans chercher à trouver les causes exactes de leur déficience. Celles-ci sont, pourtant, généralement indépendantes de leur volonté. Le nombre très faible des magistrats, une formation insuffisante ou inadéquate... sont autant de tares qui sont incontestablement à l'origine du manque de crédibilité du juge en Afrique* »[8].

En effet, une injustice ou une incongruité perçue dans la décision d'un juge peut résulter de ses tares personnelles ou de l'action d'un maillon intervenant en amont dans la chaine judiciaire. Si les actions de certains maillons tels que les officiers de police judiciaire, les huissiers de justice et les avocats sont visibles dans le dossier de procédure et lors des débats, tel n'est pas le cas de bien d'autres comme la chancellerie ou le conseil supérieur de la magistrature, qui jouent en arrière-plan un rôle déterminant dans la définition et l'implémentation de la politique judiciaire ainsi que dans la gestion de la carrière des magistrats.

D'une part, au gré des contingences politiques, il peut être de la volonté de la chancellerie d'exiger, ou tout au moins d'inspirer aux juges telle ou telle attitude à adopter dans la conduite des affaires relevant de tel ou tel domaine de la vie sociale : « *Vous voici donc au front, face à un crime qui doit être sanctionné avec la plus grande sévérité.*

Nov. 2007, Dakar, Sénégal, sous-thème I, 2007, AHJUCAF. <hal-00490034v2>.

[8]Idem.

Vous vous en doutez bien, il ne s'agit pas d'une injonction du gouvernement. Le gouvernement se fait simplement l'écho d'une attente du Cameroun profond. Le gouvernement vous apporte un éclairage qui doit rester présent dans la conscience des hauts magistrats que vous êtes. Il s'agit d'un éclairage qui interpelle votre intime conviction. Le législateur, à travers l'article 184 du Code pénal, a déjà balisé le chemin indiquant, en cas de culpabilité, les taux et les peines à appliquer. Et j'ai failli dire, les peines qui ne restent plus qu'à appliquer *en cas de culpabilité* » ; « … *les textes organiques donnent au ministre de la Justice le soin de suivre ces activités pour que la politique répressive soit construite. Je dis bien politique répressive et non-activités juridictionnelles. Et j'ajoute que, construire une politique répressive ne veut pas dire mener une répression politique* »[9].

Dans le même ordre d'idées, le président Ahidjo, dans son discours prononcé lors de la rentrée solennelle de la Cour suprême tenue le 15 décembre 1973, appréciait ainsi la contribution de la justice à la réalisation de sa politique de lutte contre le grand banditisme : « *Je me réjouis de constater que les tribunaux ont appliqué ces mesures avec courage et discernement. Ils ont ainsi contribué en particulier dans les grandes villes à restaurer la confiance ; et surtout la sécurité* »[10].

Et d'autre part, la légitime aspiration de faire une bonne carrière peut influencer l'opinion d'un juge dans un dossier, s'il a des raisons de penser que telle décision plutôt que telle autre peut avoir des répercussions négatives sur l'évolution

---

[9] Allocution de monsieur Laurent Esso, ministre d'État, ministre de la Justice, garde des sceaux, au cours de l'audience inaugurale du Tribunal criminel spécial tenue à Yaoundé, le 15 octobre 2012.

[10] Cité par Guy Roger Eba'a, dans son ouvrage intitulé : *Les grands moments de la justice au Cameroun de 1958 à 2010*, p. 63.

de sa carrière. « *Les magistrats sont plus ou moins attentifs à la perspective d'un avancement dans leur carrière avec les garanties dont ils bénéficient à cet effet et sont donc bien conscients qu'ils ne sont pas à l'abri de sanctions. Cette menace sur leur indépendance et leur intégrité est présente tout au long de leur carrière, du recrutement à la cessation de leur fonction, qu'il s'agisse des magistrats du siège, du parquet ou des juges administratifs lorsqu'ils existent* »[11].

En fait, ils sont nombreux ces juges qui, dans certaines affaires délicates, ont eu à privilégier la loi et leur conscience au détriment du courant politique de l'époque et qui, plus tard, ont eu à payer cher le prix de leur « témérité ». Sur le coup, ils sont célébrés dans l'opinion publique comme des héros, mais lorsque s'abat sur eux l'impitoyable épée de la hiérarchie, ils sont seuls à en subir les conséquences.

Certaines décisions rendues par quelques magistrats ne sont pour la plupart que la manifestation visible d'une série d'actes souvent kafkaïens qui rythment la gestion de leur carrière : « *L'injustice appelle l'injustice ; la violence engendre la violence* »[12].

Si rendre justice est une tâche exaltante, il est constant que les frustrations multiformes que subissent certains magistrats dans la gestion de leur carrière provoquent du dégoût chez ceux qui, naguère, admiraient ce corps ou rêvaient de s'y retrouver un jour.

De toutes les administrations publiques, le ministère de la Justice est la seule à porter le nom d'une vertu. Conséquemment, son fonctionnement devrait porter la marque de cette vertu qu'est la justice. Hélas ! au quotidien,

---

[11] Alioune Badara Fall, *op.cit.*

[12] Henri Dominique Lacordaire, *Pensées*. Citation disponible sur le site : www.dicocitations.com.

il est aisé de constater qu'elle est une administration comme toutes les autres et que, dans certains aspects, sous le couvert du respect de la « *tradition* », elle fonctionne sur la base de pratiques surannées qui débouchent sur de criardes injustices rarement rencontrées ailleurs.

En effet, la Justice se caractérise par un certain nombre de spécificités qui la rendent étrange, fermée voire hermétique, à l'endroit non seulement du citoyen ordinaire, mais aussi à l'endroit des intellectuels non-juristes ou, mieux encore, des intellectuels non rompus à la chose judiciaire.

Par rapport aux autres départements ministériels, celui de la Justice, au niveau de son déploiement territorial, n'a pas de délégation régionale ni départementale, encore moins d'arrondissement. En lieu et place de ces démembrements de l'État, la justice a la cour d'appel au niveau de la région, le tribunal de grande instance au niveau du département et le tribunal de première instance au niveau de l'arrondissement. De nos jours, ce tableau s'est complexifié avec la création du Tribunal criminel spécial, qui a une compétence nationale, ainsi que des tribunaux administratifs et des comptes ayant une compétence régionale.

En effet, que ce soit au niveau de la région, du département ou de l'arrondissement, les services judiciaires ont la particularité de ne dépendre ni du gouverneur, ni du préfet, ni du sous-préfet[13].

« Le gouverneur assure, sous l'autorité des ministres compétents, la supervision générale, la coordination et le contrôle de l'activité des services civils déconcentrés de

---

[13] Voir à cet effet les articles 5(1), 6, 37, 38 du décret 2008/377 du 12 Nov. 2008 fixant les attributions des chefs de circonscriptions administratives et portant organisation et fonctionnement de leurs services.

l'État dans la région, à l'exception de ceux relevant de la justice ».

« Le gouverneur est chargé de la gestion des fonctionnaires et agents de l'État en poste dans les services déconcentrés de l'État dans la région, à l'exception de ceux relevant de la Justice, des forces armées et de la sûreté nationale ».

« Sous l'autorité des ministres compétents et du gouverneur de région, le préfet assure la supervision générale, l'animation, la coordination et le contrôle des services civils déconcentrés de l'État dans le département, à l'exception de ceux relevant de la justice ».

« Le préfet est chargé de la gestion des fonctionnaires et agents de l'État en poste dans le département, à l'exclusion de ceux relevant de la Justice, des forces armées et de la sûreté nationale ».

L'application de ces textes, dont la clarté ne souffre d'aucune ambiguïté, est ponctuée d'anecdotes, les unes aussi rocambolesques que les autres qui rythment le quotidien des rapports entre les autorités administratives et judiciaires. Sur le plan protocolaire, la place des autorités judiciaires lors des cérémonies officielles semble varier d'une autorité administrative à l'autre. Le fait que le président du tribunal et le procureur de la République doivent se déplacer ensemble et être logés à la même enseigne est difficile à comprendre par les responsables du protocole, qui cherchent toujours à savoir qui vient avant l'autre parmi les deux personnalités.

Au niveau régional, cette confusion s'est aggravée par l'arrivée sur la scène du délégué régional de l'administration pénitentiaire et du président du tribunal administratif. La dyarchie naguère inadmissible tend à être substituée par une triarchie et, pourquoi pas, par une

« quadri-archie » lorsque seront opérationnels les tribunaux régionaux des comptes ?

Dans les sièges des juridictions (tribunal, cour d'appel, etc.), la subordination hiérarchique entre le chef de juridiction et ses collègues (juge ou vice-président) revêt un aspect singulier en ce sens qu'elle ne s'applique qu'au niveau de l'administration de la juridiction : la gestion du personnel, du matériel, des locaux, de la répartition des audiences, de l'évaluation de l'activité professionnelle de magistrats placés sous leur autorité, etc. Mais, dans ses fonctions juridictionnelles, le juge n'a pas d'ordre ou d'instruction à recevoir de sa hiérarchie ; il n'est soumis qu'à la loi et à sa conscience. On parle de façon imagée d'une « sanctuarisation de la prise de décision », et les juges sont à cet égard très attentifs au respect de leur indépendance.

En outre, notre système de prise décision ne prévoit pas la possibilité d'exprimer publiquement une opinion dissidente, de sorte que les décisions collégiales sont prises par des majorités qui demeurent ignorées.

Sur le plan du langage, le vocabulaire judiciaire paraît pour le citoyen ordinaire étrange ou encore barbare : *« Le langage usité, pour le moins ésotérique, est peu familier aux non-initiés. En effet, certains mots du langage courant sont le plus souvent revêtus d'un autre sens sur le plan juridique. Ainsi en est-il des termes "ordonnance" et "prescription" qui n'ont pas le même sens et la même signification à la pharmacie et au palais de justice »*[14].

À titre d'illustration, la personne poursuivie en justice peut s'appeler : justiciable, défendeur, intimé, suspect, prévenu, inculpé, accusé ; celle qui demande justice peut

[14] Cour suprême | Le guide professionnel du Cameroun. Disponible sur le site : https://237guidepro.com/place/cour-supreme.

s'appeler : demandeur, requérant, recourant, partie civile, plaignant, appelant ; la décision de justice peut s'appeler, jugement, ordonnance sur requête, ordonnance de référé, l'arrêt et elle peut être qualifiée tantôt de contradictoire, de défaut, de réputé contradictoire ; le personnel judiciaire est tantôt appelé : président, procureur, greffier, juge, substitut, substitut général, procureur de la République, procureur général, avocat général, etc.

La tenue des audiences ordinaire, solennelle, d'installation, de prestation de serment, obéit à une kyrielle de rituels dont la compréhension échappe au commun du citoyen.

L'ensemble de ces spécificités qui rythment l'administration de la justice dans notre pays résiste à toute tentative d'innovation simplificatrice. Cette farouche résistance a pour socle le respect d'une tradition, d'un «*folklore judiciaire*»[15] qui, malheureusement, n'a d'ancrage dans aucune de nos traditions ancestrales. La cruelle vérité est que cette tradition à laquelle nous nous accrochons tant se trouve être celle de nos ancêtres les Gaulois qui, dans le sillage de la colonisation, nous ont légué leur justice avec les heurs et les malheurs de leur passé historique.

Et c'est à ce niveau que, empruntant les termes du professeur Owona, on peut validement parler de la "colonialité" de la justice camerounaise.

Le sujet avait d'ailleurs été évoqué par le président Ahidjo dans son discours tenu au cours de la rentrée solennelle de la Cour suprême du 20 octobre 1975 en ces

---

[15] Chesnelong, *Heurs et malheurs du discours de rentrée*, 16 septembre 1963, Melun. Impr. administrative, 1965, 23 pages, cité par Jean Claude Farcy dans *Magistrats en majesté, les discours de rentrée aux audiences solennelles* (XIXe – XXe siècle), p. 2.

termes : « *Parce qu'il vaut mieux prévenir que réprimer. Par ce que nul n'est censé ignorer la loi, il est du haut intérêt que les services judiciaires compétents mettent en œuvre tous les moyens d'information disponibles, afin que chaque Camerounaise, chaque Camerounais puisse mieux connaître les textes applicables, ainsi que les rouages de la machine judiciaire dont le fonctionnement paraît trop souvent inexplicable aux profanes* »[16].

En raison de la place prépondérante qu'occupe la justice dans le développement économique et social du pays, les maux qui gangrènent son fonctionnement sont au cœur du débat public ; et chaque débatteur, en fonction de son statut social, de son engagement politique ou sociétal, a sa petite idée sur la thérapie à administrer à ce grand malade qu'est la Justice. C'est ainsi que beaucoup de solutions sont proposées aux fins de faire retrouver à cette noble institution ses lettres de noblesse. Schématiquement, ces propositions visent l'amélioration des conditions de travail du magistrat en termes d'infrastructures et de rémunération, du renforcement des effectifs, de la réduction des lenteurs judiciaires, de la réduction de la surpopulation carcérale, etc.

Mais à y regarder de près, ces solutions sont pour la plupart superficielles, en raison de la non-prise en compte des mécanismes qui gouvernent la gestion de la carrière des magistrats que sont la chancellerie et le conseil supérieur de la magistrature. Lorsqu'on s'attarde sur les principes de fonctionnement de ces deux institutions, on se rend vite compte qu'elles sont restées telles qu'elles nous ont été léguées par les anciennes puissances colonisatrices dans les années 1960. C'est ainsi que le président de la République est et demeure la clé de voûte du conseil supérieur de la magistrature, que la justice est demeurée fortement

---

[16] Cité par Guy Roger Eba'a, *op.cit*, p.70.

inféodée au pouvoir exécutif, tel que l'affirmait le général de Gaulle, l'architecte de la Constitution de la Ve République française dont se sont inspirés nos premiers législateurs : « *Il doit être évidemment entendu que l'autorité indivisible de l'État est confiée tout entière au président par le peuple qui l'a élu, qu'il n'en existe aucune autre, ni ministérielle, ni civile, ni militaire, ni judiciaire qui ne soit conférée et maintenue par lui* »[17].

L'histoire politique française enseigne d'ailleurs à ce sujet qu'au sortir de la Révolution, Napoléon créa des « *fonctionnaires-juges* ». La Justice était conçue comme une administration de l'État, entourée d'un certain prestige, mais une administration comme une autre, au service de l'État : « *Une Justice nommée, formant un corps judiciaire, à l'imitation d'un corps d'officiers, avec à la base des officiers subalternes – ceux des tribunaux –, puis des officiers supérieurs – ceux des cours d'appel – et au sommet des officiers généraux, les magistrats de la Cour de cassation* »[18].

Les régimes monarchiques et républicains qui se sont succédé tout au long du XIXe siècle ont apporté des aménagements, mais n'ont pas modifié cette matrice : *des juges-fonctionnaires, hiérarchisés, appelés à faire carrière et soumis au pouvoir politique* ; soumission qui s'est illustrée par la destitution de magistrats suspectés de ne pas partager la politique du gouvernement.

Sur un tout autre plan, il est aisé de noter que le nombre de magistrats devant être promus à un grade au cours d'une

---

[17] Lire à cet effet la conférence de presse du 31 janvier 1964, du général de Gaulle sur sa philosophie de l'organisation des pouvoirs publics.
[18] Alain Girardet, *La réalité de l'indépendance...* – Cour de cassation, disponible sur le site : https://www.courdecassation.fr/IMG/File/pdf_2007/10.../10-05-2007_girardet.pdf.

année est d'avance arrêté par la hiérarchie, que le nombre des postulants est toujours supérieur à celui des places disponibles, que par conséquent, nombre de magistrats ratent leur promotion simplement à cause du nombre réduit des places disponibles, et qu'enfin, la promotion elle-même s'obtient à l'issue d'un vote, etc.

Toutes ces pratiques pour la plupart anachroniques, désuètes et obsolètes, qui trouvent leurs origines dans l'histoire française et européenne, occupent pourtant une place de choix parmi les pesanteurs qui plombent le fonctionnement optimal de l'institution judiciaire. Il en découle que toute réforme qui ne prendrait pas en considération cette réalité ne serait que partielle et ne produirait que des effets mitigés.

Dans les lignes qui suivent, nous nous donnons pour ambition de mettre en exergue la réalité de la colonialité de la justice d'une part (Ière partie) et d'autre part, d'explorer les pistes d'évolution vers une justice postcoloniale et authentique au sein de laquelle l'État de droit occupe une place centrale (IIe partie).

PREMIÈRE PARTIE :

LES MARQUES DU PASSÉ COLONIAL DANS L'ADMINISTRATION DE LA JUSTICE AU CAMEROUN

Le système légal camerounais actuel est hérité de la colonisation, laquelle lui a légué deux systèmes distincts, mais qui coexistent, à savoir : la common law anglaise et le droit civil français. Si au départ ces deux systèmes ont eu pour vocation de se substituer aux coutumes des populations locales, il y a lieu de noter que ces dernières, bien que considérablement affaiblies, continuent à régir des pans non moins importants de la vie sociale.

L'accession du Cameroun à la souveraineté n'a pas entraîné l'abolition de la législation coloniale. Pour éviter un vide juridique, les lois métropolitaines sont restées en vigueur dans chaque domaine jusqu'à l'intervention d'une loi nationale. Mais le contexte sociopolitique aidant, les premières lois nationales, conçues pour la plupart par les autorités coloniales, n'ont été qu'une transposition de la législation déjà en vigueur en métropole et dans l'empire colonial. Il s'est donc agi d'une législation transitoire appelée à s'adapter à l'évolution du jeune État.

Dans le domaine de la justice, si cette évolution est notable dans certains aspects, tels l'état des personnes, la nationalité, le foncier et l'organisation judiciaire, force est de noter qu'après cinquante années d'indépendance, la majeure partie du dispositif légal peine à se débarrasser de son passé colonial.

Dans les lignes qui suivent, nous nous attèlerons à mettre en exergue ces legs du passé colonial dans l'administration de la justice au Cameroun. Dans cet exercice, il convient de passer en revue la définition et les différents concepts de la justice, ainsi que les différents systèmes juridiques en vigueur dans le monde (chapitre I), d'exposer les aspects historiques nécessaires au décryptage de l'hermétisme de la justice (chapitre II), d'explorer l'histoire du droit camerounais et de l'émergence de la justice institutionnelle (chapitre III), de jeter un regard sur les traits caractéristiques de la magistrature léguée par la France (chapitre IV) et enfin, de faire ressortir les marques encore présentes de la justice héritée de la France dans la législation en vigueur (chapitre V).

CHAPITRE I :

DÉFINITION ET CONTOURS DE LA NOTION DE JUSTICE[19]

Le mot "justice" est un terme qui renferme une série de concepts, en fonction des circonstances dans lesquelles il est utilisé. C'est ainsi que couramment, elle est utilisée tantôt comme vertu morale, tantôt comme service public. Sur le plan moral, on opposera la justice divine à la justice humaine. En tant que service public, on parlera de codes, de palais, de normes, de costumes, de personnel, de ministère, etc. Dans l'optique de jeter un éclairage sur ces différents concepts, il est nécessaire de procéder à la définition du terme justice (section I), d'explorer les différents concepts de la justice (section II) et d'inventorier les systèmes juridiques en vigueur dans le monde (section II).

Section I. Définition

La justice est un principe à la fois philosophique, juridique et moral en vertu duquel les actions humaines doivent être punies ou récompensées, en fonction de leur mérite au regard du droit, de la morale, de la vertu ou d'autres sources normatives de comportements. Bien que la justice soit un principe à portée universelle, le juste peut modifier son comportement en fonction de facteurs sociologiques et culturels. La justice est un idéal souvent jugé fondamental pour la vie sociale et la civilisation.

---

[19] Inspiré de l'article du même titre disponible sur le site file:///C:/Users/user/Documents/Justice%20%E2%80%94%20Wikip%C3%A9dia.htm.

En tant qu'institution, elle est jugée fondamentale pour faire respecter les lois de l'autorité en place, légitime ou pas. La Justice est censée punir quiconque transgresse les règles édictées par le système établi.

La justice, deuxième des vertus cardinales, est le principe par lequel on reconnaît à une personne la part qui lui revient, qui lui est due. D'où l'expression ''rendre justice à quelqu'un'', c'est-à-dire reconnaître ses qualités, ses actions, ses torts voire ses défauts dans une situation donnée. Elle permet de réguler les rapports sociaux, dans la mesure où le droit conditionne les libertés individuelles.

Étymologiquement, il convient de relever que le droit romain, créateur de la première justice institutionnelle de l'histoire, est également à l'origine linguistique du mot. En latin, la justice se dit « *justitia, ae* » (écrit dans cette langue, « *iustitia* »), nom féminin provenant de « *justus* » qui signifie « conforme au droit », ayant lui-même pour racine « *jus – juris* » (le droit) au sens de permission, dans le domaine religieux.

Son étymon est parent avec le verbe « *jurare* » (jurer), qui désigne une parole sacrée, proclamée à haute voix. Proche, le mot « juge » renvoie au latin « *judex* » qui signifie « celui qui montre ».

Le mot « justice » a pour antonyme « injustice » (du latin, *injustitia* : rigueur injuste) signifiant absence de justice. Il s'agit d'un antonyme parfait, car ce sont avant tout des concepts philosophiques marquant des catégories précises de la pensée.

La justice est fondamentalement polymorphe, en ce sens qu'elle est dépendante des époques et des civilisations. L'histoire de la notion de justice est liée à l'histoire des peuples et des civilisations. Ses diverses conceptions et applications sont le résultat de la pensée et des conditions de vie de l'époque en question. Son étude exige donc une approche mêlant philosophie, théologie, économie, morale et droit politique.

Dans la philosophie occidentale antique, la justice est avant tout une valeur morale. La « justice morale » serait un comportement alliant respect et équité à l'égard d'autrui. Cette attitude, supposée innée dans la conscience humaine, serait elle-même à l'origine d'un « sens de la justice », valeur universelle qui rendrait l'être humain apte à évaluer et juger les décisions et les actions, pour lui-même et pour autrui.

Section II. Les différents concepts de la justice

En fonction des contextes, la justice peut renvoyer à une institution (I), à une norme (II) ou au pouvoir judiciaire (III).

I. La justice en tant qu'institution

En droit, une institution est l'ensemble des règles gouvernant certaines conduites au sein d'une collectivité. En tant qu'institution, la Justice joue un rôle fondamental dans la régulation des rapports entre les différents acteurs de la société humaine, ainsi que le démontrait avec force et brio l'avocat général d'Aiguy, dans son exorde à la rentrée de Bastia en 1843 :

« Comme rien n'est plus grand que la religion, rien n'est aussi plus sacré que la justice. C'est par elle que les peuples sont forts, qu'ils sont respectés, qu'ils sont prospères. Là où elle n'est pas, il ne saurait y avoir de gouvernement ; là où elle n'est pas, il ne saurait y avoir de société. Compagne de la religion, sans elle, elle ne saurait exister à son tour, et serait livrée à un vain sentiment d'honneur ou morale sociale...

C'est un sujet qui, dans ses résultats, confond sans le vouloir, sans le savoir, la vérité et l'erreur, le bien et le mal, la paix et la guerre, le bonheur et le malheur de la société, le repos et le trouble des familles ; un sujet qui a gouverné le passé, qui gouverne le présent et qui gouvernera l'avenir »[20].

Conçue en tant qu'institution, la justice est l'organe social ayant pour mission de « rendre la justice » et « dire le droit ».

La notion de justice désigne à la fois la conformité de la rétribution avec le mérite et le respect de ce qui est conforme au droit d'autrui : elle est donc indissociablement morale et juridique. Mais, le concept est aussi culturel et ses applications varient selon les coutumes, les traditions, les structures sociales et les représentations collectives.

Sur le plan philosophique, la justice renvoie à d'autres concepts comme la liberté, l'égalité, l'équité, l'éthique, la paix sociale. De manière générale, on distingue la justice dans son sens moral, l'on parle alors de *légitimité*, et la justice dans son sens juridique, l'on parle alors de *légalité*.

II. La justice en tant que norme

La justice devient une réalité pratique et non plus philosophique dans la Rome antique par l'apparition d'une norme applicable : le droit.

La justice obéit désormais à des règles. La responsabilité de l'auteur[21] est évaluée par rapport à une norme préexistante. Tout comportement qui dévie de la norme voit

---

[20] Exorde de l'avocat général d'Aiguy à la rentrée de Bastia en 1843, cité par Jean-Claude Farcy, *Magistrats en majesté : les discours de rentrée aux audiences solennelles des cours d'appel* (XIXe-XXe siècles), p. 89.

[21] Étymologiquement, l'auteur est celui qui amplifie ici un acte mauvais et répréhensible.

son auteur sanctionné sur la base d'un règlement qui matérialise, par des textes, l'échelle des sanctions à appliquer proportionnellement à l'écart constaté d'avec la norme.

On distingue alors deux justices fonctionnant selon deux normes différentes, mais complémentaires : la justice privée et la justice publique.

La justice privée est rendue en dehors de l'État : c'est la médiation, la conciliation, l'arbitrage, mais aussi dans certaines sociétés, la loi du talion. Cette justice, la plus ancienne, est à l'origine du droit que l'on pourrait qualifier de « droit des individus ». La justice y est ici une « affaire privée », un conflit entre particuliers. C'est selon l'adage juridique latin : « *Justicia est voluntas suum qui que tribuere* »[22].

La justice publique est rendue par l'État. Son domaine par excellence est le droit pénal et le droit administratif. Mais en cas de nécessité, il s'implique dans certaines affaires civiles. Relativement au droit pénal, quand un crime se commet, l'État considère qu'il ne peut laisser les individus régler seuls le problème : il intervient par l'entremise du ministère public. La justice publique est donc une « affaire publique » et donc, un droit extérieur aux individus : c'est le droit public. Cela dit, qu'en est-il de la justice perçue comme pouvoir judiciaire ?

III. La justice comme pouvoir judiciaire

En droit, le pouvoir judiciaire est l'un des trois pouvoirs constituant l'État dans un régime démocratique respectant la séparation des pouvoirs[23]. Il a pour rôle de contrôler l'application de la loi et de sanctionner son non-respect. Ce pouvoir est confié aux juges qui se fondent sur les textes de

---

[22] Ce qui signifie : « La justice est volonté de faire à chacun son droit ».
[23] Les deux autres pouvoirs sont : l'exécutif et le législatif.

loi pour prendre des décisions, autrement appelées jugements.

L'expression « pouvoir judiciaire » peut revêtir un double sens, à savoir organique et fonctionnel. Dans le premier cas, elle désigne les cours et tribunaux et dans le deuxième, la faculté de pouvoir trancher les litiges.

La Justice comme institution est l'organisme chargé de l'application du droit. L'histoire de la justice est une discipline complexe liant histoire et philosophie. Par extension, la justice a été assimilée au pouvoir judiciaire, c'est-à-dire l'ensemble des tribunaux et magistrats qui jugent les transgressions de la norme sociale. Il n'y a pas de lieu de confondre l'idéal de justice avec l'institution judiciaire qui, du reste, est animée par des hommes et des femmes imparfaits et, de surcroît, faillibles.

Si depuis son invention ce pouvoir a évolué au cours de l'histoire et des sociétés, il est une institution fonctionnelle spécialisée dans le maintien de la stabilité sociale (les codes par exemple), le développement (la jurisprudence par exemple) et l'application de la justice (le jugement). Créée par la nécessité d'organiser la société, l'institution juridique est diverse selon l'époque ou la région du monde considérée.

Selon l'adage romain « *Ubi societasibi jus* » (là où il y a une société, il y a du droit : il ne peut exister de civilisation sans droit).

Les premières civilisations datent de la préhistoire, et plus précisément du néolithique avec l'apparition de l'agriculture et de l'élevage. Des droits primitifs ont été adoptés à cette période, même s'il ne nous en reste aucune trace, l'écriture n'ayant pas encore été inventée.

D'après les théories du contrat social, la justice institutionnelle est liée à l'invention de l'État. La justice comme institution serait née de l'obligation de réglementer les relations humaines pour permettre la cohabitation des hommes. En effet, dans ces théories, la justice est un élément de l'état civilisé, qui est le contraire de l'état de nature dans lequel chacun a un pouvoir absolu, mais aucune garantie autre que sa force pour assurer sa conservation. La justice comme institution impose nécessairement une restriction des droits, ou pouvoirs des individus, afin de protéger le bien-être commun ou collectif.

La civilisation romaine est la première à avoir constitué des théories juridiques qui nous sont parvenues. Pour cette raison, le droit romain peut donc être considéré comme le premier système juridique.

Le droit romain définit clairement des catégories juridiques (voir par exemple : ''*ius civile*'', ''*iusgentium*''et ''*iusnaturale*''). La justice n'est plus inspirée par les dieux, mais uniquement sous leur patronage. La vie politique est organisée par le droit, et les premières Constitutions (Constitution romaine) voient le jour. Cependant, « Rome ne s'est pas construite en un jour », et il est difficile de dater précisément le début de la pensée juridique romaine.

La civilisation romaine développe le droit rendu par une justice institutionnalisée.

Section III. La notion de système juridique[24]

La justice institutionnelle, qu'il s'agisse des règles de forme ou de fond, ne s'administre pas de manière uniforme dans tous les pays du monde. On y observe des disparités

---

[24] Inspiré du document intitulé : *Manuel de l'Office des Nations Unies contre la drogue et le crime* (ONUDC) sur l'entraide judiciaire et l'extradition disponible sur le site Mutal_Legal_Assistance_Ebook_F.pdf-Adobe Reader.

qui découlent du système juridique adopté par tel ou tel pays.

Un système juridique est l'ensemble des structures et des modes de fonctionnement des instances liées à l'application des règles de droit dans un pays donné. Le système juridique rassemble les structures et modes de fonctionnement des instances reliées à l'application des règles de droit, ainsi que les services qui en découlent. Il comprend ainsi l'appareil juridictionnel, mais aussi l'appareil non juridictionnel.

Il existe actuellement quatre principaux systèmes juridiques dans le monde :

– le système du droit civil ;
– le système de la common law ;
– le système du droit coutumier ;
– le système du droit religieux avec une prédominance du droit musulman.

Toutefois, il y a lieu de préciser que le système juridique de chaque pays peut présenter des variations ou bien intégrer certains dispositifs d'autres systèmes. Il existe donc de nombreux pays ayant un système juridique mixte. De plus, les classifications sont arbitraires et il n'existe pas de consensus absolu sur le nombre de catégories, et même sur leur dénomination.

I. Le système du droit civil ou droit romano-civiliste

Les droits de tradition civiliste constituent un système juridique appelé aussi droit romano-germanique, droit romano-civiliste ou droit continental, mais aussi droit civil en France et au Québec. Le système puise ses origines dans le droit romain et constitue un système complet de règles habituellement codifiées, qui sont appliquées et interprétées par des juges civils. Il provient du mouvement de synthèse du *ius* commune et des droits coutumiers locaux dont les étapes importantes sont la rédaction à la fin du XVIIe siècle des lois civiles dans leur ordre naturel par Jean Domat, puis, à partir du début du XIXe siècle, la codification de certains corps de droits civils nationaux comme le code napoléonien[25] et le Bürgerliches Gesetzbuch allemand. Le droit romano-civiliste est le plus fréquemment appliqué dans les systèmes juridiques du monde : France, Allemagne, Italie, Espagne, Portugal et généralement dans les anciennes colonies françaises.

II. Le système de la common law

C'est un droit d'essence jurisprudentielle, mettant en avant les décisions des cours et des tribunaux. Ce système juridique est basé sur la jurisprudence comme principale source de droit. La common law se différencie très nettement du système civiliste ou codifié de type romano-germanique, où les sources de droit proviennent majoritairement de la norme écrite et codifiée. En outre, dans un système de common law, il n'existe pas toujours de Constitution écrite ou de lois codifiées. La caractéristique fondamentale du système de la common law est que les décisions judiciaires ont une force exécutoire et les juges ont un rôle prépondérant dans la création du droit. C'est incontestablement un système fondé sur le « précédent ». Par conséquent, les décisions antérieures s'imposent aux tribunaux de la common law (Staredecisis).

Elle est en vigueur au Royaume-Uni[26], en Irlande, au Canada[27], aux États-Unis[28] et d'une façon générale dans les pays du Commonwealth.

---

[25] Il est autrement appelé code civil des Français.
[26] Sauf en Écosse où le droit est mixte, car influencé par le modèle latin.
[27] Sauf dans la province du Québec, qui utilise un droit mixte.
[28] Sauf en Louisiane, Californie et Porto Rico, où des systèmes mixtes sont utilisés.

Instaurée avec Guillaume le Conquérant, la common law est enseignée dès 1755 à l'Université d'Oxford par William Blackstone.

III. Le système du droit coutumier

En droit, la coutume est la pratique juridique basée sur l'habitude et la tradition. C'est un usage oral né de la répétition. L'exigence de répétition s'inscrit dans l'adage « une fois n'est pas coutume ». Si l'usage découle de la contrainte, on parlera de mauvaise coutume. En tout état de cause, le non-usage, c'est-à-dire la désuétude, met un terme à la coutume.

L'application de la coutume engendre des problèmes de preuve. On recourt au témoignage individuel ou de groupe, en fonction des régions, à moins que la coutume ne soit notoire. Ce qui est le cas lorsqu'elle a été transcrite dans des recueils.

Il est consacré par le temps et, autant que possible, immémorial. La population accepte et témoigne en permanence de cette acceptation par ses actes. Cette acceptation rend la coutume obligatoire.

Elle s'applique, non pas en considération des personnes, mais d'un territoire donné. Et plus la puissance publique est morcelée, plus nombreuses sont les coutumes.

Aussi, l'existence de la coutume suppose deux éléments : d'une part, l'élément matériel qui est constitué par la répétition d'actes donnés manifestant un usage, d'autre part, l'élément psychologique qui est composé de trois aspects : l'*opinio juris*, qui est la conviction que l'usage répété constitue une règle de droit ; l'*opinio necessitatis*, qui est la croyance au caractère obligatoire de l'acte et l'*estimatio communis*, qui est le consensus existant autour de l'acte.

De nos jours, seuls la Mongolie et le Sri Lanka connaissent un système où la coutume est prépondérante. En Chine, en Corée du Nord et du Sud, en Indonésie, ainsi que dans de nombreux pays africains, la coutume est encore en vigueur, mais perd progressivement du terrain au profit du droit légal.

IV. Le système du droit religieux (droit musulman principalement)

Il se rencontre dans les pays dits du « monde arabe », où l'arabe est une langue officielle.

Fondé sur le Coran, le système du *droit musulman*, autrement appelé *droit coranique*, est de nature essentiellement religieuse. Ce droit est d'ordre divin et ne s'applique qu'aux musulmans. En terre d'islam, les non-musulmans sont soumis au régime juridique de la dhimma[29].

Les musulmans considèrent traditionnellement le droit musulman comme un élément essentiel de la religion. La source traditionnelle du droit musulman est la *charia*. Le Coran est la première source de la jurisprudence islamique ; la seconde est la *Sunnah*, c'est-à-dire les pratiques du prophète, telles que relatées dans les récits sur sa vie.

La *Sunnah* n'est pas elle-même un texte comme le Coran, mais elle est extraite de l'analyse du *hadith*, les textes qui contiennent les paroles du prophète, ou les récits des actes de ses compagnons.

Ce système ne régit généralement pas la majorité de la vie juridique de la population et par conséquent, dans la plupart des pays musulmans, le droit est en fait mixte, l'État

[29] Le terme ''dhimma'' (arabe : ḏimma, ذمة) appartient au vocabulaire technique du droit musulman et désigne habituellement, en pays d'islam, le régime juridique auquel est soumis un non-musulman (dhimmi).

étant généralement organisé par une combinaison entre le droit de l'ancien colonisateur (*Common Law* ou *droit civil*) et le droit musulman.

CHAPITRE II :

LES CLÉS HISTORIQUES DU DÉCRYPTAGE DE L'HERMÉTISME DE LA JUSTICE

La vie de l'institution judiciaire est rythmée par des particularismes qui se cristallisent sur son fonctionnement, son déploiement territorial, son langage, ses costumes, ses rites et usages, etc.

Qu'il s'agisse du commun du citoyen, de certains intellectuels ou même de certains juristes, il n'est pas aisé de comprendre l'origine de ces spécificités de la justice. Lorsqu'on s'engage sur cette voie, la première difficulté provient du fait que ni l'histoire ancestrale ni celle institutionnelle de notre pays ne nous sont d'un quelconque secours.

Non seulement l'institution judiciaire dans notre pays, parce que contemporaine de l'indépendance est encore jeune, mais aussi, les acteurs principaux n'ont pas encore véritablement entrepris de faire des recherches sur l'histoire de notre justice.

Pour comprendre l'histoire de la justice appliquée dans notre pays, on n'a pas d'autre choix que de plonger dans l'histoire de « nos ancêtres les Gaulois » qui, dans le sillage de la colonisation, nous ont légué leur justice avec les heurs et les malheurs de leur passé historique.

Sans complexe donc, plongeons-nous dans l'histoire de la France et de l'Europe pour y puiser les éléments susceptibles de favoriser une bonne compréhension de l'administration de la justice dans notre pays. Ainsi, nous passerons en revue l'origine et les différentes mutations de la fonction de juge (section I), l'historique du palais de justice (section II), l'historique du costume judiciaire (section III), le symbolisme de la justice dans la mythologie grecque (section IV), l'historique de l'indépendance du juge (section V), l'historique du ministère public (section VI), la symbolique de l'audience solennelle (section VII), la prestation de serment (section VIII), l'installation du magistrat dans ses nouvelles fonctions (section IX), les vacances judiciaires (section X), la magistrature coloniale française (section XI), l'historique de la chancellerie ou ministère de la Justice (section XII).

Section I. L'origine et les différentes mutations de la fonction de juge

Le juge dans notre société apparaît aujourd'hui comme un personnage en crise. Certains reproches qui lui sont faits ne peuvent être bien cernés qu'en parcourant les péripéties qui ont émaillé l'évolution de sa fonction tout au long de l'histoire. C'est à ce prix que des solutions idoines peuvent être envisagées pour restaurer sa dignité en voie de déliquescence. En effet, quel que soit le sujet abordé et étudié, pour mieux comprendre le présent, un regard en arrière est toujours utile.

Dans le langage courant, les mots « juge » et « magistrat » sont invariablement utilisés pour désigner ce personnage qui se trouve au cœur du système judiciaire et qui a pour mission principale de trancher les litiges à lui soumis par les citoyens, autrement appelés justiciables. Si dans notre pays, l'existence de la justice institutionnelle et donc, de l'apparition du juge est consubstantielle à la période coloniale, force est de relever qu'elle a fait sa première apparition en France et en Europe depuis plusieurs siècles, qu'elle a subi diverses mutations tout au long de l'histoire, en fonction des aspirations politiques des peuples ou de leurs dirigeants, et qu'enfin, elle continue sa mue sous le double effet de la quête de l'État de droit et du droit communautaire européen.

L'histoire des juges en France a fait l'objet d'une abondante littérature, dont celle de Benoit Garnot[30] qui, du reste, a fait l'objet d'un excellent commentaire[31].

L'histoire du juge en France, contée par Benoit Garnot, se subdivise en quatre périodes : la période de « l'affirmation et l'apogée (XVIe-XVIIIe siècle) » (I), la période de « l'illusion et du doute (1789-1958) » (II), la suppression de la vénalité et des offices par la Révolution et ses conséquences (III) et enfin, le « un nouveau départ (1959-2012) » (IV).

I. La période de « l'affirmation et l'apogée (XVIe – XVIIIe siècles) »

Dans cette description de Benoit Garnot, on peut comprendre que le magistrat a un statut spécial dans la cité de par son expression et sa position dans la République. C'est un être considéré comme « un peu au-dessus » des autres parce qu'il est presque l'égal d'un Dieu, compte tenu de la fonction qu'il exerce. Il a le pouvoir suprême de porter des jugements sur la nature des relations entre les personnes et ceci dans les litiges et différends qu'ils peuvent contenir. C'est d'ailleurs pour cette raison qu'il doit, comme on le voit par exemple avec les philosophies grecques, être au-dessus de sa sensibilité. Ce n'est pas par la concupiscence qu'il est régi, mais par le sens de l'honneur. C'est pour cette

[30] *Histoire des juges en France : de l'ancien régime à nos jours*, Folio (5 novembre 2009), Collection : Folio Histoire, ISBN-10 : 2070396681, ISBN-13 : 978-2070396689.
[31] Lire à ce sujet l'article de Xavier Godin, « Benoît Garnot, *Histoire des juges en France de l'ancien régime à nos jours* », *Criminocorpus* [en ligne], 2015, mis en ligne le 7 décembre 2015, consulté le 6 janvier 2017. URL : http://criminocorpus.revues.org/3077.

raison que la probité, le courage, la prudence, la droiture, la fermeté, la recherche de la vérité, la sagesse et la gloire sont les vertus qui le déterminent.

Ainsi, il faut comprendre qu'on devient magistrat parce qu'on a été éduqué à l'être. Au-delà de l'éducation que l'on peut recevoir à l'école, il y a une dimension fondamentale qui est donnée par la famille et qui revêt ce qu'est le magistrat appelé à exercer la fonction de juge dans sa cité. On peut alors comprendre pourquoi les sociétés anciennes sont des sociétés de classe. Et on peut davantage le percevoir lorsqu'on évalue les prédispositions qu'il faut avoir pour exercer cette fonction sociale. Il faut alors dire qu'on ne devient pas magistrat, mais qu'on nait magistrat. Ceci parce que dans cette conception du monde et de l'histoire, la seule éducation ne permet pas d'avoir ce qu'il faut, il y aurait dans les gènes certaines prédispositions pour l'exercice d'un métier ou d'une fonction.

Dans la construction de Benoit Garnot, on verra comment à compter du XVIe siècle, le magistrat se transformera pour devenir le sophiste de la cité, il cherche désormais à occuper les premières places dans la cité. Il est plus expressif dans son accent littéraire au lieu d'être un véritable professionnel du droit par la vertu. Sa dimension universitaire prend le pas sur sa profession. Il devient un véritable théoricien du droit et son activité professionnelle en prendra un coup. C'est probablement cette dégradation progressive de la profession qui va suivre jusqu'à nos jours et on voit bien comment est-ce que le magistrat contemporain a perdu de la substance que nous avons décrite précédemment. Avec cette nouvelle perception de la fonction de magistrat, l'auteur distingue les praticiens de la justice qui sont différents des occasionnels de la justice. Il fait ainsi une différence entre les « politiques » et les « gardiens du temple », et reconnaît néanmoins que ce partage est insatisfaisant, puisque de nombreux hauts magistrats réunissent les deux caractéristiques.

II. La période de « l'illusion et du doute (1789-1958) »

C'est le second moment décrit par Garnot. Elle se partage écrit-il « entre un déclin entamé et une mutation insuffisante ». On va commencer à expérimenter la notion de séparation des pouvoirs par un apprentissage à la française.

Sa mise en œuvre va être complexifiée par les anciennes pratiques judiciaires. On peut alors comprendre pourquoi il est toujours difficile pour les sociétés d'opérer un réel changement. En rapport avec notre thématique, nous pouvons alors discerner pourquoi les démarches judiciaires au Cameroun, manquent de remise en question. C'est peut-être pour cette raison que la colonialité est entretenue par les africains eux-mêmes.

III. La suppression de la vénalité et des offices par la Révolution et ses conséquences

Garnot s'attaque ici à l'influence de l'argent dans le domaine du judiciaire. Il faut supprimer la vénalité des offices. L'assemblée constituante va instaurer l'élection des juges qui devront désormais être rémunéré par l'Etat. « Toutefois, l'expérience tourne court à la fin du directoire et la Constitution de l'an VIII consacre la nomination des juges judiciaires par l'exécutif. La fonctionnarisation de la magistrature annihile tout retour à l'élection et, peut-on ajouter, étouffe par là même la question fondamentale de la légitimité des juges ».

Par la suite, des juges de paix vont être instaurés pour résoudre les petits conflits. Ceci va créer une fracture au sein du corps en laissant croire que les pouvoirs législatif et exécutif s'opposent à la mise en place d'un pouvoir judiciaire indépendant. Ce contexte craint en effet une résurrection d'une magistrature à l'ancienne. « Ce faisant, ils brident l'autorité judiciaire et, par conséquent, la contraignent involontairement à se complaire dans un passé jugé prestigieux, si ce n'est fantasmé ».

Rappelons que dans ce contexte ancien où il n'y a pas encore de démocratie, les avancées de la cité sont tributaires d'un désir enfoui de préserver la dynastie. « La question de l'hérédité demeure cruciale : elle seule serait censée pouvoir transmettre au juge toutes les qualités requises, cet "instinct du juste". La compétence n'est pas le seul critère. La licence en droit et les deux années de stage au barreau ne suffisent pas : il est indispensable d'appartenir aux couches sociales supérieures et de disposer d'une fortune personnelle afin de tenir son rang ». Dans un tel contexte, avec la pratique des recommandations, Garnot voit dans cette disposition sociale clientélisme et favoritisme.

Comme c'est par la classe qu'on est élu magistrat, il n'est pas question de créer un concours d'accès. En effet, il ne faut pas ouvrir la magistrature à n'importe quel sujet social, elle est réservée pour quelques-uns qui seraient nobles de par leur naissance. C'est ainsi que l'idée d'organiser un concours, émise par le Doyen Emile Foucart dès les années 1830, ne sera pas prise en compte. Par son projet, il tente à cette époque de briser les habitudes en vue de rechercher une indépendance de la justice. Les gardes des Sceaux Jules Dufaure (1876) et Ferdinand Sarrien (1906) ne souscriront pas à l'idée du Doyen. A cette volonté de museler la justice, il faut ajouter qu'« au cours de sa carrière, le juge est surveillé quand il n'est pas victime des épurations qui émaillent le XIXe siècle : fondamentalement, la magistrature du siège est mise sous le contrôle de la magistrature du parquet. Le ministère public est ainsi l'instrument principal du désir de contrôle des juges par les gouvernements ».

On peut considérer qu'à ce moment de l'histoire, il y a une crise identitaire du juge. Comme on peut le voir dans nos contextes actuels, une tendance à classifier le social dans des catégories, Benoit Garnot met un accent sur le déclassement social, économique et culturel du corps judiciaire qui décline progressivement. Il y a de plus en plus une influence forte de la bourgeoisie industrielle et commerciale. L'auteur parle d'une banalisation du corps judiciaire.

Mais le déroulement de l'histoire aidant, on verra l'arrivée au sein de ce corps de nouvelles couches sociales au début de la IIIe République. C'est le début de la fin d'une endogamie professionnelle dans ce corps de métier. Il s'agit de nouveaux jeunes magistrats beaucoup plus diplômés et plus mobiles qui viendront rénover cette profession par leur dynamisme. Ils ne sont pas rentrés dans ce corps par affinité familiale et c'est pour cette raison qu'ils vont être perçus à cette période de l'histoire comme du sang neuf pour la construction des Républiques qui vont suivre.

Ils feront face à un appauvrissement de la profession vers les années 1950 alors qu'ils sont issus des milieux sans fortune. Ils sont alors appelés ou obligés de développer une nouvelle éthique professionnelle. Il ne faut pas trahir l'élan que leur présence apporte dans ce corps professionnel. Ils doivent maitriser le droit, avoir le sens de l'honneur, dans lequel ils trouvent satisfaction. Le travail bien fait doit être leur code de conduite et le dévouement au bien public doit accompagner toutes leurs actions.

On note tout de même que les conditions de travail dans ce contexte ne sont pas les meilleures. C'est pour cette raison qu'on observera un absentéisme et un dilettantisme important. Ce qui est compréhensible, compte tenu du contexte. Pour faire face à cette situation peu reluisante, Benoit Garnot évoque à juste titre le « décret Sarrien » du

18 aout 1906 qui met en place un tableau d'avancement des magistrats et ensuite une commission qui devrait atténuer le pouvoir du gouvernement et rendre plus rationnel les promotions.

Le 27 octobre 1946 ouvre une nouvelle séquence dans le déroulement de cette profession avec la création du Conseil Supérieur de la Magistrature (CSM) qui met fin au pouvoir de la Chancellerie. C'est une grande ouverture dans cette profession avec la loi Teitgen du 11 avril 1946 qui va offrir aux femmes le luxe d'y participer. En faisant cette évocation de l'histoire de la profession en France, nous voulons marquer l'évolution historique. Notre projet consiste à montrer que les professions deviennent plus opérationnelles par dépassement et que les leçons de l'histoire sont comme des leviers qui permettent de changer d'état.

IV. Le « un nouveau départ (1959-2012) »

Ce nouveau départ est motivé par la réforme orchestrée par Michel Debré en 1958. Par l'acte de suppression des juges de paix, il crée les juridictions de première instance. Cet acte, comme le souligne Garnot, « réunifie le corps judiciaire –, il faut restaurer le prestige de la magistrature. Un concours est instauré et les traitements sont revalorisés. En la matière, les juges sont passés progressivement de l'acceptation héroïque à la dénonciation revendicative ». On va vers la fin de la dynastie. Les traitements sont revalorisés et la magistrature commence à voir de nouveaux jours. « En 1959 est créé le Centre national d'études judiciaires, qui devient École nationale de la magistrature en 1970. L'idée d'une véritable école est essentiellement due à la crise de légitimité de la formation traditionnelle jugée insuffisante, et en même temps trop technique et pas assez ouverte sur les disciplines sociales nouvelles ».

Après cette étude historique de l'évolution de la profession de magistrat, il nous convient d'évoquer l'histoire du palais de justice.

Section II. L'historique du palais de justice : juridiction ou tribunal ?

Dans le langage courant, en fonction du confort intellectuel des uns et des autres, les locaux abritant les services de la Justice sont indistinctement appelés tribunal, parquet, cour d'appel, palais de justice. Dans les juridictions de l'arrière-pays, l'appellation courante c'est le « parquet », simplement parce que dans l'imagerie populaire, l'action de la justice est plus cristallisée par le parquet, où atterrissent les délinquants appréhendés par la police ou la gendarmerie. Il en découle que le procureur de la République est le personnage le plus connu et craint de la cité par rapport au président du tribunal, dont l'action en matière de maintien de paix sociale est en aval de celle du parquet.

Mais d'une manière globale, l'appellation la plus usitée est « palais de justice », qui se définit simplement comme étant les bâtiments où sont installés les divers services des tribunaux.

Un palais de justice contient un tribunal ou autre juridiction, son administration et divers services liés au droit. C'est l'équivalent francophone de la « *Court house* ou *Courts* » des pays anglo-saxons.

Mais d'où vient cette appellation qui marque l'une des spécificités du service public de la justice ?

L'histoire politique en France enseigne que l'apparition du terme ''palais de justice'' est indissociable de l'histoire de la royauté, puisque le palais fut pendant longtemps la demeure des souverains. Monarque de droit divin, le roi concentrait en sa personne le pouvoir législatif, le pouvoir exécutif, mais aussi l'autorité judiciaire. Le palais de justice de Paris, par exemple, fut longtemps la demeure des rois de France. Il fut bâti sur les lieux où les gouverneurs romains, puis les Mérovingiens et les ducs capétiens avaient établi leur siège. Philippe Auguste puis Saint-Louis par la suite y résidèrent, et ce dernier y fit élever la Sainte-Chapelle (1246-1248). C'est là que les rois rendaient la justice, et c'est à cette époque que furent construites la conciergerie et les « cuisines de Saint Louis »[32].

Mais, l'appellation ''palais de justice'' a été l'aboutissement d'un long processus dont l'origine se trouve dans la signification des termes « juridiction » et « tribunal »[33].

Selon Emmanuelle Chevreau, « juridiction » est aujourd'hui un terme un peu technique employé pour désigner un découpage administratif. Il vient de *''ius dicere''* (dire le droit), revêt une réalité complexe et très précise pouvant s'analyser sous le double prisme de spécialisation et de compétence des juridictions (I), et du symbole et lieu de justice (II).

I. La spécialisation et la compétence des juridictions

La compétence juridictionnelle est l'aptitude d'une juridiction étatique à connaître d'un litige ou d'une situation de droit soumise à son appréciation.

---

[32] Pour en savoir plus sur le sujet, lire l'article disponible sur le site : http://www.larousse.fr/encyclopedie/divers/palais_de_Justice_de_Paris/183482#04VeR7ZdAM57k8Ml.99.

[33] Lire à cet effet l'article d'Emmanuelle Chevreau, professeur d'histoire du droit à Paris II, intitulé :
« Juridiction », « Tribunal » : aux origines des mots : l'évolution du vocabulaire de la justice à travers l'histoire, disponible sur le site : file:///C:/Users//Justice _ Portail _ « Juridiction », « Tribunal ».

Au Cameroun, la compétence des juridictions est déterminée par la loi n° 2006/015 du 29 décembre 2006 portant organisation judiciaire, laquelle énumère les différentes juridictions et précise le domaine de compétence de chacune d'elles.

C'est ainsi qu'on y trouve dans l'ordre judiciaire le tribunal de première instance, le tribunal de grande instance, la cour d'appel, la Cour suprême. Dans l'ordre administratif, il y a le tribunal administratif, la chambre administrative de la Cour suprême. Ailleurs, on trouve les tribunaux régionaux des comptes, les tribunaux militaires, le Tribunal criminel spécial, etc. Chacun de ces tribunaux a un domaine précis de compétence qui s'appréhende sur les plans matériel, territorial et personnel. Cette spécialisation des compétences que l'on rencontre aujourd'hui est le fruit d'une longue évolution historique.

Relevons que les traces écrites de la compétence juridictionnelle se retrouvent dès le IIIe siècles av. J.-C. Il est important de s'arrêter un instant sur le terme « Dire le droit » qui ne signifie plus seulement, à ce moment de l'histoire, faire des déclarations, mais davantage « créer le droit ». Ainsi, « créer le droit » c'est accorder au magistrat le privilège de penser son environnement de travail en s'offrant plus d'opportunité en vue de rendre justice. « Il s'agit d'une prérogative et même d'un pouvoir certain accordé au magistrat, chargé à la fois d'organiser le procès, mais également de publier, au moment de son entrée en charge, un édit (*edicere*), sorte de catalogue des actions en justice qu'il promeut. Il a le *ius edicendi*, le droit de prononcer des édits[34] ».

Au cours du Moyen-âge, ce pouvoir de perpétuer la justice, de la dire et de l'organiser va s'instituer ainsi

[34] Idem

jusqu'à la révolution. Dans cette évolution du vocabulaire juridique à travers l'histoire, « la « juridiction » s'entend comme un pouvoir délégué par le roi, et se double d'un critère de compétence et de spécialisation. Dès l'an 1000, après l'éclatement de la souveraineté, on observe un découpage entre les juridictions royales[35], les juridictions seigneuriales[36] et les juridictions ecclésiastiques[37]. »[38]

Cette division ne passe pas sans conflit de juridictions dans un contexte où le Roi perd progressivement ses privilèges. Il va alors essayer de ramener celles-ci sous sa coupole.

Dans ce désir de maintenir sa souveraineté sur les juridictions, en vue de la réforme du droit du XIIIe siècle, le Roi récupère ses attributs et transforme le tribunal royal en une instance d'appel pour les juridictions seigneuriales puis ecclésiastiques. On va alors assister à une grande première, l'introduction de la notion de hiérarchie dans les degrés de juridictions. « Dès lors, celles-ci se structurent seulement, selon leurs domaines de compétence, entre juridictions ordinaires organisées par matières (civile ou pénale) et juridictions extraordinaires[39] ».

Si le ressort d'une juridiction n'a pas toujours eu le sens que nous lui connaissons désormais, le terme tribunal lui aussi connaît de nombreuses évolutions avant de revêtir son sens actuel. On retrouve les premières traces de ce mot à

---

[35] Qui traitent principalement le droit patrimonial et les affaires de la famille royale.
[36] Elles sont réparties en fonction de l'importance du seigneur, en une haute justice et une basse justice, c'est-à-dire en causes civiles et causes de sang.
[37] Il s'agit notamment du droit de la famille.
[38] Idem
[39] Qui n'ont pas de compétence générale, mais sont dédiées à certains secteurs comme les juridictions de l'amirauté ou les juridictions consulaires par exemple.

Rome. Il désigne alors l'estrade, le lieu surélevé où siègent les magistrats lorsque la justice est rendue en plein air, au cœur du forum. Les jours de mauvais temps, ces estrades sont déplacées dans les basiliques, qui ne sont pas encore des lieux saints, mais de simples édifices publics abritant les activités commerciales, politiques et judiciaires. D'ailleurs, l'un des sens du latin ''*tribunal*'' est purement architectural et désigne la partie postérieure en forme d'hémicycle du bâtiment.

Le tribunal c'est aussi un terme assorti d'une connotation très morale : on parle de "tribunal de la conscience" par exemple. Enfin, si ce mot désigne aussi tout le personnel judiciaire, à aucun moment, ni pendant le Moyen-âge ni au cours de la période moderne, il n'est entendu comme un bâtiment, un lieu de justice à proprement parler. La justice est alors rendue dans des lieux officiels rattachés aux juridictions, qu'on appelle des chambres auditoriales.

II. Le palais de justice : symbole et lieu de justice

Ce n'est qu'à partir de la Révolution que le terme tribunal va se généraliser. Il est employé une trentaine de fois dans les textes de l'assemblée constituante et sera choisi pour désigner le tribunal de cassation mis en place en 1790[40], puis le tribunal révolutionnaire[41]. Les hommes de la Révolution vouent en effet une grande admiration à la République romaine et au personnage du *tribun de la plèbe*, défenseur des droits et des intérêts du peuple. Ce sont des références qui nourriront l'imaginaire révolutionnaire.

Puis, les XIXe et XXe siècles rapprochent cette notion de celle de bâtiment architectural. Le décorum de la Justice, souvent inspiré des temples grecs, avec colonnes, symboles

---

[40] Il s'agit de l'ancêtre de la Cour de cassation française.

[41] Chambre criminelle éphémère créée en 1792.

de Thémis et balances ornementales, prend toute sa dimension monumentale dans ces véritables *palais de justice*. On y met en scène la Justice, on y organise le rituel bien huilé des procès où la parole est distribuée à chacun, à tour de rôle, en fonction de sa place au sein du tribunal devenu le lieu suprême où le droit est rendu.

Section III. L'historique des costumes judiciaires[42]

La justice est rendue par des acteurs arborant des tenues spéciales appelées costume judiciaire. Le personnel de la justice se subdivise en deux grands ensembles que sont les acteurs principaux constitués des magistrats et les auxiliaires que sont les greffiers, les avocats, les huissiers de justice et les notaires. Si la tenue des magistrats est tantôt de couleur noire tantôt de couleur rouge, celle des auxiliaires est toujours de couleur noire. Pour le profane qui se rend pour la première fois au palais de justice, il n'est pas aisé de catégoriser le personnel judiciaire à partir de leur tenue. Néanmoins, l'épitoge vert-rouge-jaune (couleur du drapeau national) fixée sur la robe du magistrat est le signe évident qui permet de différencier un magistrat d'un auxiliaire de justice. Comment comprendre que le costume judiciaire soit constitué des robes ? Autrement dit, quel est l'historique du costume judiciaire ?

I. L'origine du costume judiciaire

Pour des raisons d'opportunisme, nous nous limiterons à la robe du magistrat, qui constitue l'un des accessoires inséparables de l'exercice de ses fonctions. Elle est le signe distinctif de sa profession, son costume de travail et

---

[42]Voir à ce sujet les articles intitulés : « Robes de magistrat de juge et de greffier », disponible sur le site : https://fr.wikipedia.org/wiki/Robes_de_magistrat,_de_juge_et_de_greffier et Paris disponible sur le site : www.ca paris.justice.fr/index.php?rubrique=11126.

d'apparat. Quelle est l'origine de cette robe qui a fait son apparition dans notre pays avec l'instauration de la justice institutionnelle et qui, jusqu'à un passé récent, ne se confectionnait qu'en France ?[43]

En Occident, à travers les âges, les magistrats étaient des représentants du pouvoir. Comme tels, ils étaient souvent issus de la noblesse ou, à tout le moins, leur charge leur conférait la noblesse[44]. Un habillement différencié a ainsi eu pour rôle à la fois de les distinguer des justiciables et de manifester ostensiblement l'autorité de leur charge.

En dehors des magistrats, les costumes amples et longs étaient communs aux professions considérées comme ayant un statut social élevé[45]. Ils étaient alors portés en permanence comme habit ordinaire. L'Église catholique romaine en avait ainsi recommandé l'usage pour manifester un souci moral chez ceux qui les portaient : de la sorte, ils n'exposaient pas les formes de leur corps et manifestaient une pudeur de bon aloi.

Les robes actuelles des magistrats, composées à l'origine d'une soutane – robe noire qui ressemble à l'habit du clerc – et du manteau – robe rouge d'origine royale – maintenant réunis en un seul costume, notamment pour le premier président et le procureur général de la Cour de cassation en France, constituent une ancienne tradition qui date du XIIIe siècle.

---

[43] Jusque vers les années 1990, les auditeurs de justice de deuxième année de l'École nationale d'administration et de magistrature (ENAM) passaient la commande de leur robe de travail en France, soit chez Gerin qui avait des prix un peu plus abordables, soit chez Bosc, qui avait la réputation de confectionner des robes de meilleure qualité, mais à des prix plus élevés.

[44] On parlait à l'époque de la « noblesse de robe ».

[45] Il s'agissait des médecins, des prêtres, des professeurs d'université, des avocats, etc.

Sous l'ancien régime, les rois donnaient chaque année, à l'ouverture du parlement ou lors de la création d'un nouveau parlement en province, des costumes semblables aux leurs aux magistrats des parlements ; costume que le roi portait au moment de son sacre, lorsqu'il entrait dans une ville et à son enterrement.

En passant, notons avec Alain Girardet que « *Les parlements – ancien terme qui désignait les cours de justice – se proclamaient cours souveraines et « le parlement de Paris prétendait jouer un rôle politique, rêvant d'égaler durant quelques jours le parlement de Londres* »[46].

Cette coutume matérialisait le principe selon lequel la justice est l'attribut essentiel des souverains. Le roi délègue aux magistrats le soin de rendre la justice. Aussi, ces derniers devaient porter les mêmes habits que lui.

Jusqu'au XVIIe siècle, ces robes amples étaient portées au quotidien et à longueur de journée par les magistrats comme symbole du prestige de leur profession.

Après l'interruption révolutionnaire, lorsque le consulat et l'empire réorganisèrent la magistrature, furent créées des séries de costumes correspondant aux trois catégories de juridictions : Cour de cassation, cour d'appel, tribunaux de première instance.

Depuis l'arrêté du 23 décembre 1802 (2 nivôse an XI) et le décret du 30 mars 1808, tous les magistrats doivent porter, en audience, leur costume.

De nos jours, le costume judiciaire ne symbolise plus l'appartenance des magistrats à la justice royale. « *La robe*

---

[46] Alain Girardet, *La réalité de l'indépendance...* – Cour de cassation disponible sur le site : https://www.courdecassation.fr/IMG/File/pdf_2007/10.../10-05-2007_girardet.pdf.

est un symbole d'uniformité, d'égalité entre les magistrats qui composent le tribunal et de rappel à ceux-ci des devoirs de leurs charges ». « *Symbole, la robe est signe d'intemporalité, d'universalité. La permanence du costume judiciaire représente la permanence de l'institution judiciaire et sa capacité à maintenir ses rites* »[47].

II. La signification de la couleur de la robe du magistrat

Les couleurs font partie de l'environnement humain, elles nous insufflent des états d'esprit, des sentiments ; elles nous donnent la force d'avancer ou nous enfoncent dans un mutisme profond. De plus, selon les pays, les cultures et les époques, les couleurs revêtent des significations différentes, parfois aux antipodes de celles des cultures voisines. À titre d'exemple, le blanc est associé en Occident à la pureté, alors qu'il est lié au deuil dans la plupart des pays asiatiques. Porteuse d'un sens et d'une symbolique, la couleur ne peut donc être choisie à la légère. Chaque couleur a une signification cachée et exerce ses effets à un niveau inconscient.

Sur le plan psychologique, les manifestations de la vie empruntent aux couleurs pour mieux s'exprimer. On rit jaune, la vie est rose, on a une peur bleue, on est vert de peur et on est rouge de colère ou de honte.

[47] Alain Girardet, *Lieux et symboles du pouvoir judiciaire*, disponible sur le site : https://sites.google.com/site/apparencesjusticetribunauxtpe/plan-du-tpe/iii-les-hommes-et-femmes-de-pouvoir-dans-deux-pays-europens/a-les-symboles-et-vetements-qui-les-representent.

Les religions ont leurs couleurs « liturgiques ». C'est ainsi qu'à l'Église catholique romaine, les couleurs liturgiques sont [48]:

- le violet qui symbolise la pénitence, c'est la couleur du carême et de l'avent ;
- le noir, couleur de deuil qui s'étale dans le chœur de l'Église à la fête des Morts et au Vendredi saint ;
- le vert symbolise l'espérance de la vie éternelle ;
- le blanc exprime la pureté et la gloire qui sied à la Vierge ;
- le jaune revêt les habits sacerdotaux aux fêtes de Saint Joseph. Il exprime la spiritualité ;
- le bleu, plus rarement employé, fait allusion aux œuvres divines, couleur du ciel et des anges ;
- le rouge signifie l'amour divin, le sang répandu par le Christ. Il symbolise l'Esprit-Saint et apparaît à la fête de Pentecôte et dans d'autres commémorations où l'amour divin s'empourpre.

Les habitués de nos palais de justice et particulièrement des salles d'audience savent que les magistrats portent tantôt la robe noire, tantôt la robe rouge. Schématiquement, on sait que les audiences du tribunal de première instance, qu'elles soient civiles ou pénales, se tiennent en robe noire. Au tribunal de grande instance, à la cour d'appel et à la Cour suprême, les audiences civiles se tiennent en robe noire, tandis que les audiences pénales se tiennent en robe rouge. Le tribunal administratif quant à lui tient ses audiences en robe noire, tandis que le Tribunal criminel spécial (TCS) tient les siennes en robe rouge. En ce qui concerne la tenue d'apparat qu'arborent les membres de la Cour suprême lors des audiences solennelles, la couleur rouge domine.

---

[48] Voir à cet effet Camille Creusot dans la face cachée des nombres by Dervy – Livres ISBN 2-70283919-3, page 209.

Comment comprendre l'origine du choix porté sur ces deux couleurs comme celles des robes des magistrats ?

II.1. La signification de la couleur noire de la robe du magistrat

Depuis la nuit des temps, la robe des acteurs de la justice a constamment été noire. Celle du magistrat rappelle l'habit du clergé qui, dans un passé lointain, rendait justice.

Pour quelles raisons le clergé, lorsqu'il rendait justice, était-il vêtu de noir ? Était-ce par convenance corporatiste ou était-ce en conformité avec la volonté de Dieu ?

Deux passages de la Bible[49] donnent à penser que le port de la tenue de couleur noire, dans la pensée divine, était étroitement associé à l'exercice de la justice. Lisons à cet effet les passages en question :

a) Zacharie 6 : 1 à 8

« J'eus encore une vision et je vis quatre chars déboucher entre deux montagnes de bronze ; des chevaux roux étaient attelés au premier char, des chevaux noirs au deuxième, des chevaux blancs au troisième et des chevaux tachetés de brun au quatrième ; je demandais à l'ange chargé de me parler : « Mon Seigneur, que représentent ces attelages ? » Il me répondit : « Ce sont les quatre vents. Ils se tenaient auprès du Seigneur de toute la terre et ils le quittent maintenant ». Le char tiré par les chevaux noirs partit vers la région du Nord, les chevaux blancs partirent vers l'ouest et les chevaux tachetés partirent vers la région du Sud. Les chevaux bruns s'avancèrent et demandèrent à parcourir la terre ; le Seigneur leur dit : « Allez parcourir la terre ». C'est ce qu'ils firent. Alors, le Seigneur m'appela

---

[49]La Sainte Bible en français courant ; nouvelle édition révisée en 1997, éditée par l'Alliance biblique universelle ; ISNB 2 85300 121 0 FC053.

et me déclara : « Regarde, ceux qui partent en direction du Nord vont assouvir ma colère contre les pays du Nord ».

b) Apocalypse 6 : 5

« *Quand l'agneau brisa le troisième sceau, j'entendis le troisième être vivant qui disait : viens.* Je regardais et je vis un cheval noir. Celui qui le montait tenait une balance à la main ; j'entendis comme une voix qui venait du milieu des quatre êtres vivants et qui disaient : « *Un kilo de blé pour le salaire d'une journée et trois kilos d'orge pour le salaire d'une journée. Mais ne cause aucun dommage à l'huile et au vin* ».

Ce qui retient notre attention dans le premier texte, c'est le char tiré par les chevaux noirs et la mission pour laquelle ils ont pris la direction du Nord à savoir : « assouvir la colère de Dieu contre les pays du Nord ». Lorsqu'on rapproche ce passage de celui de Romain 13, qui enseigne que le magistrat est serviteur de Dieu pour le bien de son prochain, qu'il porte l'épée pour exercer la vengeance et punir celui qui fait le mal, il devient plausible que la mission des chevaux noirs était de rendre justice contre les pays du nord qui, dans le contexte historique de la Bible, fait référence à la Babylonie, qui était hostile au peuple de Dieu. Ainsi, la justice de Dieu devait être satisfaite par le châtiment qui devait être infligé aux Babyloniens.

Dans le deuxième texte, ce qui retient notre attention c'est le cheval noir et celui qui le montait, tenant en main une balance. Comme dans le précédent texte, il est ici question d'un cheval noir ayant un cavalier portant en main une balance. La balance est l'un des symboles les plus connus de la Justice.

Dans la mythologie grecque en effet, la Justice est symbolisée par la déesse Thémis, qui a deux attributs : la balance et le glaive.

La balance est symbole de jugement et de vérité, de temps et d'équilibre.

La balance est signe de jugement et de vérité. Toutes les divinités usent de la balance pour juger les hommes.

Elle sert à Osiris pour peser les âmes. Cette psychostasie consiste à poser sur le premier plateau le vase, ou cœur du mort, et sur le second la plume d'autruche, signe de justice et de vérité.

Pour Homère[50] :

« *L'heure vient où le soleil a franchi le « milieu du ciel » ; alors le Père des dieux déploie sa balance d'or ; il y place les deux « déesses du trépas » douloureux, celle des Troyens dompteurs de cavales, celle des « Achéens qui penchent. Alors Zeus, du haut de l'Ida, fait entendre un fracas » terrible et dépêche une lueur flamboyante vers l'armée des Achéens. Ceux-ci la voient et « sont pris de stupeur, et tous, une terreur livide les saisit* ».

Pour les religions issues du livre, la balance indique le jugement ultime. *Le Jugement dernier* de Van der Weyden, exposé aux Hospices de Beaune, montre l'archange Saint-Michel tenant la balance du jugement. Job exprime le sens de vérité de la balance : « *Que Dieu me pèse sur des balances justes et il connaîtra mon intégrité* »[51].

La dernière partie du deuxième texte montre bien que le cavalier du cheval noir, ayant en main une balance, posait des actes de justice et plus précisément, de justice rétributive.

À partir de ces deux passages bibliques, on peut donc affirmer de façon certaine que c'est Dieu lui-même qui a

---

[50]. *Iliade*, VIII, 69-80.
[51] Job 31 : 6

voulu que la couleur noire soit celle de la tenue des personnes appelées à rendre justice.

Dans l'imaginaire commun, le noir est une couleur terne qui renvoie à des valeurs plutôt négatives. Le noir nous fait penser à la peur, à l'angoisse, à l'inconnu, à la perte, au vide et à la mort.

L'histoire de l'art graphique enseigne que le noir est très difficile à atteindre en peinture, faisant d'elle une couleur peu présente au Moyen-âge. Ce n'est qu'à partir du XIVe siècle, à la suite de la commande de couleurs sages, que les teinturiers feront des progrès dans la gamme des noirs.

Il deviendra une couleur à la mode chez les ecclésiastiques, les princes à la suite de la Réforme protestante, faisant la guerre aux couleurs vives. À partir du XIXe siècle, elle s'inscrira dans les uniformes de ceux qui font autorité : douaniers, magistrats, ecclésiastiques et pompiers. Elle se démocratise et perd une partie de sa symbolique liée au respect, à la tempérance, à l'humilité et à l'austérité. Le noir peut ainsi s'associer, aujourd'hui, au chic et à l'élégance.

Le noir est en même temps la plus profonde de toutes les couleurs, c'est celle des fracs et redingotes des hommes du pouvoir. Le noir profond s'opposant à la blancheur des chemises, marque la richesse et le sérieux incontestables.

Balzac, assimilant la robe du magistrat à celle du prêtre et à celle que portait jadis le médecin, y voyait un symbole et disait : « *Ces trois hommes ne peuvent estimer le monde.*

Ils ont des robes noires parce qu'ils portent le deuil de toutes les illusions et de toutes les vertus »[52].

II.2. La signification de la couleur rouge de la robe des magistrats

Dans l'imagerie populaire, la robe rouge du magistrat est associée à l'audience criminelle où sont jugés des criminels ayant versé le sang et risquant par conséquent la peine de mort. Mais, les habitués du palais de justice savent que la robe rouge n'est pas une exclusivité de l'audience criminelle, d'où la nécessité de s'interroger sur la signification de cette couleur.

Dans l'histoire française, le manteau ou robe rouge est d'origine royale. Sous l'ancien régime, les rois donnaient chaque année, à l'ouverture du parlement ou lors de la création d'un nouveau parlement en province, des costumes semblables aux leurs aux magistrats des parlements ; costume que le roi portait au moment de son sacre, lorsqu'il entrait dans une ville et à son enterrement.

Cette coutume matérialisait le principe selon lequel la justice est l'attribut essentiel des souverains. Le roi délègue aux magistrats le soin de rendre la justice. Aussi, ces derniers devaient porter les mêmes habits que lui.

Sur le plan historique, la couleur rouge était admirée durant l'Antiquité. Le rouge revêtit les dieux et le clergé. À Rome, c'est la couleur des généraux, de la noblesse, des patriciens et des empereurs romains. En Chine, elle est l'emblème de la dynastie Zhou. La couleur rouge symbolise avant tout le bonheur en Chine, mais il symbolise aussi la vie, les flammes et la chaleur. Mais elle symbolise aussi la

---

[52]Discours de monsieur Léon Lyon-Caen, avocat général à la Cour de cassation le 16 octobre 1936 sur le thème : « Le costume d'audience : considérations historiques et critiques ».

mort, cette dernière étant considérée comme une renaissance en Asie.

Dans les textes sacrés des chrétiens, des Égyptiens, des Hébreux et des Arabes, cette couleur a toujours été associée au feu et à l'amour divin, et a symbolisé la divinité et le culte.

À partir du XIIIe et du XIVe siècle, le pape et les cardinaux s'en revêtirent. À partir du XVIe siècle, le rouge fuit les temples, considérés comme immoraux par les réformateurs protestants, en référence à la grande prostituée de Babylone vêtue de rouge.

Le rouge, couleur du sang, évoque également la guerre, la destruction, la colère, le pouvoir, la violence, la conquête et l'agressivité, comme dans les expressions « voir rouge » et « rouge de colère ».

La couleur rouge de la robe du magistrat semble symboliser l'autorité que lui a déléguée la royauté pour rendre justice en son nom.

Si telle est l'origine des deux couleurs des robes des magistrats, on devrait s'interroger sur le critère qui a prévalu pour le choix de la robe noire pour les audiences civiles et correctionnelles, et celui de la robe rouge pour les audiences criminelles et solennelles des cours.

III. L'histoire du rabat et de la barbe[53]

À l'instar de l'épitoge vert, rouge et jaune[54], le rabat est l'un des accessoires indispensables de la robe du magistrat. Composé d'un tissu plissé de couleur blanche, il peut être assimilé à une cravate de type particulier.

---

[53] *Ibid.*

[54] Il s'agit des couleurs du drapeau national.

L'histoire du costume judiciaire en France révèle que le rabat a été adopté en substitution de la longue barbe qui, à une certaine époque, faisait partie intégrante du costume judiciaire. L'histoire de la magistrature étant étroitement liée à celle de la royauté, le port de la longue barbe par les magistrats évoluait en fonction de l'option du roi de porter ou pas la barbe : lorsqu'elle était portée par les magistrats, elle s'imposait également aux avocats, qui ne pouvaient être admis à plaider sans barbe. Inversement, les avocats ne pouvaient être admis à plaider avec la barbe alors que les magistrats n'en portaient pas.

« On raconte que le chancelier François Olivier, alors qu'il n'était que maître des requêtes en 1536, s'étant présenté au parlement en cette qualité, comme il en avait le droit ; les gens du roi lui firent dire qu'il ''ne serait reçu à assister au plaidoyer qu'après avoir fait couper sa barbe ». Le parlement alla plus loin et finit par solliciter et obtenir, en décembre 1520, une ordonnance royale *« faisant défense à tous juges, avocats et autres, de porter barbe et habillements dissolus »*[55].

S'agissant spécifiquement du costume judiciaire, il fut admis après de longues péripéties qu'en lieu et place de la longue barbe, les magistrats porteraient des rabats sur leurs robes.

« *Mais bientôt, sous Louis XIV, l'introduction des grandes perruques amena la suppression complète de la barbe. C'est alors qu'apparut, chez les gens de robe, l'usage du rabat d'abord col de chemise rabattu, puis cravate à bords flottants, enfin rabat tel que le portent les ecclésiastiques et que nous le voyons sur les portraits des évêques du XVIIe siècle. (...) Les textes, rappelant l'origine du rabat qui ne fut autre chose que les deux bouts de la*

[55] *Ibid.*

cravate blanche, le qualifient de ''cravate tombante blanche plissée'', en baptiste pour les tribunaux et les cours d'appel, en dentelle pour la Cour de cassation »[56].

Du rappel de cette histoire, il se dégage que le port de la longue barbe soit incompatible d'avec le port du rabat, ou inversement, que le port de la barbe devrait exempter du port du rabat. C'est sans doute en application de cette tradition que la grande majorité des magistrats, par mimétisme, ne portent pas de barbe, mais la minorité qui en porte est-elle consciente de cette incompatibilité ?

La féminisation de la magistrature étant postérieure à l'institutionnalisation de cette tradition, quelle signification peut-on donner au port du rabat par les magistrates ? Faut-il y trouver une simple parure ou une convenance ?

Section IV. Le symbolisme de la justice dans la mythologie grecque[57]

Dans la vie quotidienne, la justice est couramment symbolisée par une balance parfois en équilibre, généralement en déséquilibre. Après la balance, suit une figure énigmatique représentant une femme aux yeux bandés tenant dans la main gauche la balance et de la main droite le glaive encore appelé l'épée.

Cette femme nommée Thémis nous vient de la mythologie grecque où elle était le symbole accompli de la justice.

La Justice en effet est représentée par la déesse grecque Thémis, fille d'Ouranos et de Gaïa (le ciel et la terre).

---

[56] *Id.*

[57] Extrait du document de présentation de la Cour suprême du Cameroun intitulé : *La Cour suprême du Cameroun. Opuscule final* fr.pdf. Adobe Reader.

Première femme de Zeus, elle représentait la justesse divine de la loi. Allégorie de la justice et du droit, elle personnifie la permanence et l'impartialité, veillant aux bons rapports des dieux entre eux. La déesse Thémis est fréquemment représentée avec la balance, le glaive et le bandeau, différents symboles de la Justice.

I. Thémis, déesse de la justice

Thémis, déesse appartenant à la mythologie grecque, est généralement présentée comme celle de la justice, de l'ordre et de la loi. Elle occupe une place importante au sein de la famille, groupe de personnes proches par des liens de filiation et d'alliance. Des dieux grecs, puisqu'elle est la fille de Gaïa (la terre) et l'une des femmes de Zeus, la légende raconte qu'elle lui a donné trois filles : l'équité, la loi et la paix. Thémis est par ailleurs la mère de Prométhée, à qui elle transmet une partie de sa sagesse : elle est en effet présentée comme faisant preuve d'une grande prudence et connaissant certains secrets essentiels. Sa clairvoyance lui vaut d'ailleurs de posséder l'oracle de Delphes pendant un moment. Elle symbolise une justice fondée sur la connaissance et la sagesse.

Parmi les symboles divins de la justice, il faut également citer les Érinyes. Eschyle raconte que ces figures féminines, symbole de vengeance, étaient chargées de poursuivre Oreste, après qu'il avait tué sa mère pour venger le meurtre de son père. À la suite d'un procès organisé par Athéna, Oreste est acquitté. Pour calmer la colère des Érinyes, Athéna leur propose de devenir les gardiennes de la cité : elles acceptent ce marché, renoncent à la loi du Talion et prennent le nom d'Euménides, ce qui signifie « bienveillantes ».

Cette fable nous rappelle que la justice est une conquête permanente de la civilisation sur la violence, de l'apaisement sur la vengeance, de la stabilité sur le désordre, de la paix sur le chaos.

Dans la mythologie grecque, Thémis est la conseillère de Zeus, chargée de faire régner la loi, le droit et la justice. Elle semble illustrer, en droit pénal, l'émergence de la notion de responsabilité subjective. C'est pourquoi elle a pu conserver sa place dans le Panthéon des juristes Saint-Yves.

On désigne encore parfois le palais de justice comme le temple de Thémis.

Thémis veille à ce que les engagements pris soient respectés, dans un souci de justice et d'équité ; elle n'hésite pas à châtier ceux qui enfreignent les lois et à récompenser les plus pieux…

Thémis était l'incarnation de l'ordre divin, de la loi et de la coutume : elle personnifiait la justesse divine de la loi. Elle est une rescapée du combat cosmogonique entre les titans et les dieux dont Zeus fut le vainqueur. Première femme du père des dieux, elle demeure à ses côtés lors des prises de décisions relevant de la justice divine. Thémis évoque ainsi la force de la permanence et de l'impartialité, par contraste d'avec la future femme de Zeus, possédée par une jalousie dévorante, Héra. Ses couleurs vestimentaires sont dominées par le blanc, symbole de pureté et de candeur (« candide » en latin signifie « blanc »), le noir et le pourpre.

II. Les attributs de Thémis

La plupart des multiples symboles de la justice remontent au Moyen-âge. Le symbole le plus répandu représente une femme, parfois les yeux bandés, tenant dans sa main droite un glaive et dans sa main gauche une balance : c'est ainsi que Thémis est représentée.

II.1. Le bandeau

Le bandeau qui couvre les yeux de Thémis, et par conséquent ceux de la justice, est un symbole d'impartialité. Il indique que la justice est (ou devrait être) rendue objectivement sans crainte, ni faveur, ni rancune, ni haine, indépendamment de l'identité, de la puissance ou de la faiblesse des accusés ou des parties civiles : la justice comme l'impartialité est aveugle. La justice a les yeux bandés pour représenter la cécité, le défaut de la race humaine : comme elle est rendue par des hommes, des êtres imparfaits par essence, elle est malheureusement imparfaite.

II.2. Le glaive

Le glaive, symbole de puissance et de pouvoir, rappelle quant à lui que la justice n'est rien sans la force qui permet de la faire appliquer : mais il est à double tranchant, car les puissances de la raison et de la justice peuvent s'exercer aussi bien en faveur qu'au détriment de chacune des parties. Juger ne consiste pas seulement à examiner, peser, équilibrer, mais encore à trancher et sanctionner. Le glaive constitue d'ailleurs l'un des attributs symboliques traditionnels de ce monopole de la violence physique légitime qui caractérise l'État souverain. Le glaive désigne ainsi ce que juger peut avoir de douloureux : la détermination du juste n'est pas seulement affaire d'appréciation intellectuelle, elle implique aussi et surtout une décision définitive, exécutoire, qui tranche un conflit entre des intérêts divergents et contradictoires ; cette décision doit être exécutée, au besoin, avec la force publique.

II.3. La balance

La balance constitue sans doute le symbole de plus ancien de la fonction de juger. Elle soupèse les forces de soutien et d'opposition dans une affaire (principe du contradictoire). Elle est par exemple présentée dans plusieurs mythologies antiques comme un moyen de peser les âmes après la mort pour déterminer la valeur d'un individu. La balance fait référence à l'idée d'équilibre et de mesure : elle rappelle ainsi tant l'objectif de la justice (la conciliation et l'apaisement des intérêts en conflit) que le moyen d'y parvenir (départager chacun en pesant le pour et le contre). La balance vient à ce titre symboliser le travail du juge au cours de son délibéré : prendre la mesure de chaque argument pour parvenir à une décision équilibrée. Elle symbolise aussi l'impartialité nécessaire au bon fonctionnement de la justice, qui ne doit pencher en faveur d'aucune des parties.

Section V. Les origines de l'indépendance du magistrat ou plus précisément du juge[58]

L'indépendance qui astreint le juge à ne relever que de la loi et de sa conscience dans l'exercice de ses fonctions a des origines lointaines.

Jadis en France, les offices de judicature étaient des charges vénales et cessibles qu'octroyait le roi moyennant un impôt annuel.

En 1464, Louis XI en fit des charges à perpétuité, sauf cas de forfaiture ou de résignation, et en rendit les titulaires inamovibles.

En outre, la vénalité des charges qui était la source de recrutement dans la magistrature en réserva l'exclusivité aux seigneurs nantis, ce qui assurait leur indépendance.

---

[58] Extrait du document de présentation de la Cour suprême du Cameroun, *op.cit.*

La Révolution française de 1789 supprima la vénalité des offices de judicature et des magistrats exerçant à vie et leur substitua des juges élus pour six (6) ans par les délégués du peuple.

Les jurés, selon une instruction de 1791, durent pour leur part rendre leurs décisions en se fondant sur leur intime conviction et non sur les preuves légales.

La révolution aura néanmoins légué à la postérité deux garanties essentielles pour les justiciables :

- l'obligation pour les juges de motiver leurs décisions ;
- la publicité des débats à l'audience.

Parallèlement, il y a trois siècles environ, les juges britanniques n'étaient pas indépendants. Sous la monarchie normande, les juges exerçaient leurs fonctions selon le bon plaisir du roi qui détenait le pouvoir judiciaire. Francis Bacon, procureur de la couronne au 17e siècle, a d'ailleurs dit à ce propos que les juges étaient des « lions tapis sur le trône ». L'arrivée au trône d'un nouveau souverain entraînait le remplacement de tous les juges.

C'est avec la chute de la dynastie des Stuarts en 1688 qu'est née l'idée de protéger les juges contre les manipulations royales. Aussi, le roi William III a promulgué l'Act of Settlement of 1701, qui prévoyait des traitements fixes pour les juges. Et ceux-ci, dès ce moment, ne pouvaient être démis de leurs fonctions que pour mauvaise conduite et sur accord de la majorité des deux chambres du parlement. Vers 1830, ces principes d'indépendance judiciaire se sont étendus aux colonies nord-américaines de la Grande-Bretagne avec l'Acte de l'Amérique du Nord britannique de 1867.

Section VI. L'origine de la fonction du ministère public[59]

L'expression "ministère public" ou "parquet" désigne l'ensemble des magistrats qui, dans une juridiction, sont chargés de défendre les intérêts de la collectivité nationale. Dans les juridictions d'instance, on parle du parquet d'instance, tandis qu'au niveau des cours, on parle du parquet général[60]. Les magistrats du ministère public constituent la "magistrature debout", en raison de ce qu'ils prennent la parole debout à l'audience, au contraire des juges qui restent assis et constituent par conséquent la "magistrature assise" ou "magistrats du siège".

Aux termes de l'article 29 de la loi n° 2006/015 du 29 décembre 2006 portant organisation judiciaire, les attributions du ministère public sont définies ainsi qu'il suit :

(1) Le ministère public ou parquet veille à l'application des lois, règlements et décisions de justice. Il peut, dans l'intérêt de la loi, prendre devant toute juridiction auprès de laquelle il est représenté, les réquisitions qu'il estime utiles.

(2) En matière pénale et sans préjudice des droits de la victime, il recherche et constate les infractions, met en mouvement et exerce l'action publique, décerne tous mandats ou titres de détention prévus par la loi.

---

[59] Voir à cet effet l'article intitulé : « Ministère public (ou parquet du procureur général), disponible sur le site : e.ch/justice/sites/default/files/justice/common/brochures/histoire/LE_PROCUREUR_GENERAL.pdf.

[60] Il convient de noter que le Tribunal criminel spécial et les tribunaux administratifs ont des parquets généraux.

(3) La présence du ministère public à l'audience est obligatoire en matière pénale et facultative en toute autre matière, sauf dispositions contraires de la loi.

(4) Le Trésor public avance et supporte tous les frais de justice à la charge du ministère public.

De cette énumération de ses attributions, il résulte que le ministère public est un maillon clé dans l'administration de la justice. Quelle est l'origine des fonctions de cette institution aux redoutables attributions ?

I. L'origine de la fonction du ministère public en France

Les véritables ancêtres des magistrats du parquet apparaissent en France au XIIIe siècle. On les appelle les « gens du roi ». Ce sont des procureurs ou des avocats auxquels le roi fait appel pour défendre ses intérêts. À l'origine, les procureurs du roi exercent leurs fonctions sur le parquet de la salle d'audience.

Ce sont des magistrats « debout », car ils ne siègent pas, contrairement aux juges. Au cours du XVe siècle, les « gens du roi » deviennent défenseurs de l'intérêt général et des intérêts supérieurs de la société.

À Genève, en réponse à de graves menaces sur les libertés fraîchement acquises face au pouvoir épiscopal que les autorités instituent, en 1534, l'office du procureur général. Ce magistrat qui émane de la communauté est élu en conseil général (par les citoyens et les bourgeois) pour trois ans. Il est le gardien indépendant de la loi et de l'ordre public, le porte-parole des citoyens et des autorités politiques. Les édits de 1543 prévoient notamment qu'« en toutes causes qui appartiendront aux bien et profit de la ville, et à la conservation de l'état public, il soit l'instance pour poursuivre comme procureur de la communauté ».

En plus de ses prérogatives d'ordre public, il est chargé du recouvrement des amendes, de la surveillance des tutelles et de la police des constructions. Les poursuites pénales lui sont exclusivement réservées dès le début du XVIIIe siècle. À la même période, il exerce une activité de contrôle des actions politiques (droit de remontrance) devant le petit conseil (le gouvernement) qu'il fait valoir dans l'intérêt public, de sa propre initiative, au nom du conseil des Deux-cents (ancêtre du parlement) ou à la requête de citoyens. La Constitution révolutionnaire de 1794 ne modifie pas fondamentalement ses attributions.

De 1798 à 1813, Genève est annexée à la France et l'office de procureur général est supprimé au profit d'un procureur impérial soumis au ministère de la Justice.

La fonction est rétablie à la Restauration en 1814. En 1842, l'avènement d'institutions démocratiques transfère le droit de contrôle des actions politiques du procureur aux citoyens en leur permettant de s'exprimer publiquement sans entraves et de s'adresser aux hommes politiques désormais plus accessibles que ne l'étaient les syndics et conseillers de l'ancien régime.

Dans l'ancien régime, le chancelier placé au sommet de la hiérarchie judiciaire au premier rang des officiers de la Couronne avait des prérogatives dont certaines lui ont survécu :

- la garde et la disposition du sceau ;
- l'élaboration de la législation.

II. L'origine de la fonction du ministère public en Angleterre

Contrairement à la France, l'Angleterre, pendant longtemps, n'a pas eu de système d'action publique : toute personne avait le droit d'engager des poursuites à titre privé.

Au 18e siècle d'ailleurs, les juges de paix étaient des conseils à titre privé.

Au 19e siècle, c'est la police qui exerçait les poursuites. Cependant, au cours dudit siècle, fut créée la direction du parquet (1879), placée sous l'autorité de l'Attorney General, fonction apparue dans l'Angleterre médiévale.

L'Attorney General avait pour mission de défendre les intérêts de la couronne et ce faisant, il conseillait le gouvernement et intervenait en justice au nom de la couronne, il protégeait également l'intérêt public et les mineurs.

Il pouvait cependant se substituer à la personne ayant engagé les poursuites pour les continuer ou les interrompre.

Le directeur du parquet quant à lui avait pour fonction d'engager, entreprendre ou mener les poursuites pénales prescrites par la loi ou ordonnées dans une affaire spécifique par l'Attorney General.

Section VII. La symbolique des audiences solennelles[61]

L'audience est le moment de la procédure au cours duquel une juridiction prend connaissance des prétentions des parties, instruit le procès, entend les plaidoiries et rend son jugement. Généralement, on distingue les audiences ordinaires de celles solennelles.

La différence entre l'audience ordinaire et l'audience solennelle procède de la solennité ou mieux encore de l'aspect sacramental qui marque cette dernière.

[61] Voir à ce sujet l'article du même titre disponible sur le site : file:///C:/Users/user/Downloads/la-symbolique-des-audiences-solennelles-24890.html.

L'audience solennelle est une cérémonie dont les codes et les usages sont établis de longue date. « *Elle est, avec le costume des magistrats et le rang dans les honneurs publics, le principal témoin de l'ancienne sacralisation de la justice. Sa valeur symbolique est tout à fait évidente : montrant ce qui n'existe pas matériellement (l'idéal et la valeur sacrée de la justice), elle rassemble, dans « le temple de la justice », ses ministres investis d'un* « véritable sacerdoce », *et vise à imposer le respect, à intimider.* « La solennité qui, ouvrant le temple de la justice, marque la reprise de vos travaux ne consiste pas dans un vain appareil et dans une pompe stérile »... *la majesté du* « spectacle » *offert par la justice a une double utilité, à l'égard du peuple d'une part, et des magistrats d'autre part. Au premier, elle doit à la fois rassurer sur le retour de la justice et commander l'obéissance* »[62].

Elle marque des moments importants de l'activité judiciaire tels que la prestation de serment des jeunes magistrats, la rentrée solennelle de la Cour suprême, l'installation d'un chef de juridiction nouvellement nommé, etc., et représente donc un moment symbolique chargé d'émotion cristallisé dans le costume d'audience et le discours de circonstance.

I. Le costume d'audience solennelle du magistrat

Comme pour toutes les audiences solennelles, les magistrats portent leurs tenues d'apparat. Ces robes et accessoires ont traversé le temps au gré des évolutions historiques et des bouleversements politiques, se chargeant ainsi d'une symbolique forte. À l'occasion des audiences solennelles, la robe noire ou rouge s'orne d'une ceinture de soie[63], de fourrure pour les plus hautes fonctions judiciaires,

---

[62] Jean-Claude Farcy, *op.cit.*, p.57.

[63] Selon les juridictions, la ceinture de soie peut être de couleur bleue, noire ou rouge à franges d'or.

et s'accompagne d'une toque galonnée selon la fonction, ainsi que de gants blancs.

Jusqu'au XVIIe siècle, ces robes amples étaient portées au quotidien et à longueur de journée par les magistrats comme symbole du prestige de leur profession. Aujourd'hui, elles permettent notamment de marquer la distance entre l'individualité des magistrats et la fonction qu'ils occupent. Tout le formalisme judiciaire répond à cet objectif, mais témoigne de surcroît de l'importance des situations concrètes qui se jouent pour les différents protagonistes des audiences.

Les costumes d'audience arborés par les membres de la Cour suprême du Cameroun traduisent l'hybridation qui a été réalisée. L'on a les robes et les parements que les magistrats arborent aussi bien à l'audience qu'au cours des rencontres solennelles, quasi similaires à celles de la Cour de cassation de France. Au lieu de la toque, les membres de la Cour suprême du Cameroun ont opté pour la grande perruque issue de la tradition britannique.

L'un des temps forts de l'audience solennelle est incontestablement celui des discours du procureur général près ladite cour et du premier président.

Quel est l'historique du discours du premier président de la Cour suprême jadis appelée la mercuriale ?

II. Historique du "discours de rentrée" ou "mercuriale"

Dans le système judiciaire camerounais, l'audience solennelle de rentrée a pour fondement légal l'article 33 de la loi n° 2006/16 du 29 décembre 2006 qui dispose :

« (1) Au *début de chaque année judiciaire et au plus tard le 28 février, la Cour suprême tient, sous la présidence du premier président, une audience solennelle de rentrée à laquelle assistent également en robe, les chefs des cours d'appel, des juridictions inférieures en matière de contentieux administratif et des juridictions inférieures des comptes.*

(2) Le président de la République peut, sur sa demande, assister à cette cérémonie et, le cas échéant, y faire une communication ».

L'audience solennelle de rentrée se distingue des autres par le faste particulier qui entoure sa tenue : les bâtiments sont parés de leurs plus beaux atours, les membres de la Cour suprême, les chefs des cours d'appel, des tribunaux administratifs et des comptes sont en costumes d'apparat, sans oublier les avocats, les huissiers de justice, les notaires et les invités spéciaux tels les membres du gouvernement et du corps diplomatique.

Outre cette solennité cérémonielle, l'autre temps fort de l'audience de rentrée reste incontestablement les discours des deux chefs de la plus haute institution judiciaire du pays.

II.1. La vocation de la mercuriale dans l'institution judiciaire

Même si le texte susvisé ne fait nulle part allusion à « *ces homélies judiciaires* », il demeure que traditionnellement, c'est par elles que l'institution judiciaire affirme son rôle prépondérant dans la vie de la cité : « *Ainsi... sera restauré un usage particulièrement propre à rehausser le prestige et l'autorité des grands corps judiciaires. À cet égard, en effet, il n'est pas sans intérêt qu'au cours d'une audience solennelle un magistrat, prenant la parole en présence des autorités civiles et militaires, du Barreau, des auxiliaires de justice et de l'élite de la société locale, témoigne, par une dissertation érudite et élevée de l'aptitude et du goût de la magistrature pour la science du droit et les choses de l'esprit*[64].

« L'ambition est de rehausser le prestige de l'appareil de la justice, du corps social des magistrats, en rétablissant quelques éléments de la pompe d'autrefois. Sous le couvert d'un humanisme réduit au goût des « choses de l'esprit »[65].

Si tel est le sens donné à ces discours, qu'est-ce qui peut bien motiver le choix de leurs contenus ?

II.2. Origine et signification de la mercuriale

Le discours de rentrée fait partie des nombreux rituels séculaires qui rythment le déroulement de l'audience solennelle.

« L'audience solennelle de rentrée... est une cérémonie traditionnelle – on se plaît à en faire remonter l'usage au XIVe siècle –, représentative de ce que l'on pourrait appeler, avec certains magistrats, le « folklore judiciaire »[66].

L'histoire nous enseigne que ce discours, à l'origine, s'appelait aussi « la mercuriale » et qu'il donnait l'occasion à son auteur de faire ses observations sur la manière dont la justice avait été rendue, rappelait les devoirs de chacun, en distribuant blâmes et compliments.

Sous l'ancien régime, l'assemblée des cours de justice se tenait deux fois par an, le mercredi, et desdites assemblées, le président faisait des remarques sur la manière dont la justice avait été rendue.

En France, elle plonge ses racines jusqu'au XIVe siècle, au temps des parlements. Supprimé durant la Révolution,

---

[64]Voir circulaire du 7 juillet 1931 de Léon Bérard, garde des Sceaux français, cité par Jean-Claude Farcy, *op.cit*, p.35.
[65]*Id.* p. 35.
[66] *Id.*, p. 1.

avec tout l'apparat qui accompagne la rentrée judiciaire, le discours fait rapidement sa réapparition.

Depuis le décret du 6 juillet 1810, le discours de rentrée est une prérogative du ministère public. Il revient au procureur général ou à l'un de ses avocats généraux de le prononcer. Les missions propres aux magistrats du ministère public les prédisposent en effet à cette tâche : ils sont chargés de veiller au maintien de l'ordre public, à la bonne exécution des lois, des arrêts et des jugements. Accoutumés à prononcer de puissants réquisitoires, ils maîtrisent toutes les ficelles rhétoriques destinées à convaincre leur auditoire.

Une certaine confusion s'est progressivement établie dans le jargon judiciaire entre les expressions “discours de rentrée” et “mercuriale”. À l'origine, ce sont pourtant deux discours entièrement distincts. La mercuriale, organisée par l'article 8 de la loi du 20 avril 1810, était prononcée, comme son nom l'indique, le premier mercredi après la rentrée. Le procureur général y examinait, devant la Cour suprême réunie en chambre du conseil, la manière dont la justice avait été rendue durant l'année écoulée.

La confusion entre les deux discours s'installa définitivement avec l'article 222 de la loi du 18 juin 1869, conçu ainsi : *“Tous les ans, après les vacances, les cours de cassation et d'appel se réunissent en assemblée générale et publique. Le procureur général près chaque cour prononce un discours sur un sujet convenable à la circonstance [le discours de rentrée]. Le procureur général près la cour d'appel signale, en outre, la manière dont la justice a été rendue dans l'étendue du ressort ; il indique les abus qu'il a remarqués [la mercuriale], il fait enfin les réquisitions qu'il juge convenables d'après les dispositions de la loi, et la cour est tenue d'en délibérer. Les procureurs généraux envoient au ministre de la Justice copie de leurs discours et des arrêts intervenus".*

Autrement dit, le législateur de 1869 a voulu fusionner le discours de rentrée et la mercuriale au sein de la même audience publique. C'est très certainement la raison pour laquelle la deuxième expression est progressivement devenue synonyme de la première[67].

Si pendant longtemps le prononcer du discours de rentrée fut l'apanage du seul parquet, il fut entretemps admis que le premier président de la cour pouvait lui aussi prononcer son discours :

« Au début du XIXe siècle, il faut noter une originalité qui peut prêter à confusion : le discours d'usage dont est chargé le ministère public selon les décrets de 1808 et 1810 n'est pas le seul prononcé. On trouve parfois une intervention assez longue du premier président que le registre de délibérations ou la presse locale placent à l'égal du premier. De fait, les thèmes abordés par le chef de la cour sont du même ordre : devoirs du magistrat (parfois en parallèle avec le procureur général qui traite des devoirs des avocats), soutien au régime monarchique (panégyriques de Louis XV1II. Célébration de la guerre d'Espagne, etc.)[68].

Section VIII. Historique de la prestation de serment du magistrat

Le mot « serment », qui vient du latin « *sacramentum* », signifie rendre sacré, et correspond à l'affirmation solennelle d'une personne en vue d'attester la vérité d'un fait, la sincérité d'une promesse, l'engagement de bien

---

[67] Pour d'amples développements sur le sujet, lire Jean-Claude Farcy, *op.cit.*
[68] *Id.* p. 73

remplir les devoirs de sa charge. Il peut ainsi être défini comme l'affirmation ou la promesse solennelle faite en invoquant un être ou un objet sacré, une valeur morale reconnue comme gage de sa bonne foi.

Dans son acception primitive, ce mot désigne l'acte par lequel une personne qui prête un serment consacre sa personne à une divinité en cas de fausse déclaration ou de parjure[69].

« Individuel ou collectif, le serment n'est que par ce qu'il renforce et solennise : pacte, engagement, déclaration. Il prépare ou termine un acte de parole qui, seul, possède un contenu signifiant, mais il n'énonce rien par lui-même. C'est en vérité un rite oral, souvent complété par un rite manuel de forme d'ailleurs variable. Sa fonction consiste, non dans l'affirmation qu'il produit, mais dans la relation qu'il institue entre la parole prononcée et la puissance invoquée, entre la personne du jurant et le domaine du sacré »[70].

Le serment du magistrat camerounais est régi par les articles 23 et 24 du décret n° 95/048 du 8 mars 1995 portant statut de la magistrature qui disposent :

Article 23 :

Dès son intégration dans la magistrature et avant qu'il n'accomplisse tout acte de ses fonctions, le magistrat prête le serment dont la formule suit : « *Moi ………………, je jure devant Dieu et devant les hommes de servir honnêtement le peuple de la République du Cameroun en ma qualité de*

---

[69] Dictionnaire des antiquités grecques et romaines (Daremberg et Saglio) disponible sur le site wfr.wiktionary.org/wiki/serment ;

[70] Voir l'article : *L'expression du serment dans la Grèce antique in revue de l'histoire des religions*, tome 134 n° -3, r 947, pp. 81-94 disponible sur le site www persée.fr/web/revues/…/rhr6 0035-1423-1947-uun-134-1-5601.

magistrat, de rendre justice avec impartialité à toute personne, conformément aux lois, règlements et coutumes du peuple camerounais sans crainte ni faveur, ni rancune, de garder le secret des délibérations et de me conduire en tout, partout et toujours en digne et loyal magistrat ». Le serment n'est pas renouvelable.

Article 24 :

1) Ce serment est reçu par la Cour suprême siégeant en assemblée plénière.

2) Le magistrat debout, face à la cour, la main droite levée et dégantée, prononce la formule de serment prévue à l'article 23 ci-dessus.

3) Le procès-verbal de cette prestation de serment est dressé et inscrit dans un registre spécial tenu au greffe de ladite cour.

Le jour de la prestation de serment est pour le magistrat un jour mémorable. C'est en fait ce jour-là qu'il apparaît pour la première fois en public, vêtu de cette robe, qu'il arborera sa vie durant, pendant les audiences. Vient ensuite ce moment où, la main droite levée, il prononce en une minute la formule du serment. C'est à cet instant précis qu'il devient magistrat parce que, malgré l'admission sur concours à l'école de formation, malgré cette formation de deux ans couronnée de succès et même le décret du chef de l'État l'intégrant dans la magistrature, tant qu'il n'a pas prêté serment, il ne peut valablement exercer comme magistrat.

La prestation de serment revêt donc une importance particulière, d'abord pour l'institution judiciaire qui reçoit en son sein un nouveau membre, ensuite pour la famille du jeune magistrat qui voit sa progéniture entrer dans un corps d'élite, et enfin pour le concerné lui-même, qui réalise qu'une nouvelle page de sa vie s'ouvre. Il est désormais investi de pouvoirs redoutables ; il vient d'obtenir le « permis de juger » ses semblables ; il est appelé à prendre d'importantes décisions relatives à leur liberté et à leurs biens[71].

En France, cette tradition remontant à 1254 pour les magistrats du siège et à une ordonnance de Philippe le Bel de 1303 pour les magistrats du parquet, représente l'engagement de remplir leurs missions de manière exemplaire et de respecter en tout temps les règles morales et juridiques.

Alors qu'aux États-Unis, les futurs magistrats invoquent l'aide de Dieu durant leur serment, en France, il s'agit d'un serment laïc contrairement à ce que l'adverbe « religieusement » pourrait laisser présager. Les magistrats ne prêtent d'ailleurs pas serment sur la Bible comme beaucoup semblent le croire.

À la différence de la pratique en cours qui veut que les magistrats prêtent serment une seule fois lors de leur entrée en fonction, dans un passé lointain, ils le renouvelaient annuellement à l'occasion des audiences solennelles de rentrée, au cours d'un cérémonial sacré : « *Les magistrats quittent ensuite la chapelle selon l'ordre des préséances pour aller tenir l'audience de rentrée en la salle destinée aux assemblées générales, appelée la grande chambre... Dans un premier temps, les portes sont fermées au public : c'est à huis clos que les magistrats renouvellent leur serment professionnel.*

Le premier président prenait les juratoires (un évangile ou un tableau représentant le Christ en croix), les passait au doyen des présidents de chambre et, découvert et à genoux, prêtait serment entre ses mains, puis il se relevait,

---

[71] Lire à ce sujet (Mathieu) Tankeu, *Les fondements divins du serment : le cas du magistrat*, Éditions CLE, Yaoundé, 2012.

reprenait les juratoires et, successivement, tous les autres parlementaires prêtaient de la même façon le serment sur l'interpellation du chef de la compagnie »[72].

Section IX. L'installation du magistrat dans ses fonctions

Dans le système judiciaire camerounais, l'installation des magistrats dans leurs fonctions est prévue par l'article 25 du décret n° 95/048 du 8 mars 1995 portant statut de la magistrature, qui dispose :

« 1) Sont *installés en audience solennelle de la juridiction où ils sont nommés :*

a) les magistrats de la Cour suprême ;

b) les chefs des cours d'appel, des tribunaux de grande instance et des tribunaux de première instance ».

Cet article, qui se contente d'énumérer les magistrats devant être installés, reste cependant muet à propos du cérémonial bien réglé de l'audience, au cours de laquelle interviennent l'installé, l'installant, les jeunes collègues de la juridiction, l'huissier audiencier, le ministère public, etc.

Le principe veut que le subordonné soit installé par le supérieur hiérarchique. Ainsi, avant l'entrée en vigueur de la Constitution de 1996, les chefs des tribunaux d'instance étaient installés par les chefs de cour d'appel et les chefs de cour d'appel par le ministre de la Justice, garde des Sceaux.

Depuis que la Justice a été érigée en pouvoir indépendant des pouvoirs exécutif et législatif, l'installation des chefs de juridiction est tombée en hibernation et n'a été ressuscitée récemment que par de jeunes chefs de cours d'appel soucieux de faire revivre cette cérémonie faste au cours de

---

[72] Jean-Claude Farcy, *op.cit.*, p. 19.

laquelle l'occasion leur est donnée d'étaler le prestige de leurs fonctions et l'étendue de leurs pouvoirs.

Néanmoins, pour des besoins de pure forme, il s'est souvent posé la question de savoir si une autorité, n'ayant pas été installée elle-même, pouvait installer une autre. Sans qu'aucune raison officielle ne soit avancée, les chefs de cours d'appel et vraisemblablement de la Cour suprême ne sont plus installés par le garde des Sceaux comme par le passé. Sur le plan symbolique, il y a un malaise pour le représentant de l'exécutif d'installer le responsable du pouvoir judiciaire devenu indépendant, l'installation étant par ailleurs perçue comme un signe de soumission et d'allégeance de l'installé par rapport à l'installant.

C'est sans doute dans le sillage de cette hésitation que l'on peut comprendre l'entrée en service quasi clandestine des tribunaux administratifs après leur ouverture en 2012.

Quoi qu'il en soit, l'installation du magistrat obéit à un rite peu vulgarisé même parmi les magistrats, et qui peut paraître occulte aux yeux du citoyen ordinaire. Il nous souvient d'avoir assisté à l'installation d'un président de tribunal par un président de cour d'appel qui, visiblement, n'avait pas la maîtrise des articulations du cérémonial. En fait, après les réquisitions du procureur général, il avait déclaré le président du tribunal installé dans ses fonctions, alors qu'il se trouvait encore devant la barre. Face à la confusion ainsi créée, le président dut se lever d'initiative et prendre place sur le siège qui l'attendait aux côtés du président de la cour.

Un autre président de la cour nous avait confié qu'en prélude à l'installation des chefs de juridictions de son ressort, il s'était rendu dans un autre ressort où les installations se faisaient déjà, aux fins de mieux se familiariser d'avec les articulations du cérémonial.

Quel est l'historique du cérémonial de l'installation, ses différentes articulations et, enfin, sa signification ?

En France, la prise de fonction d'un magistrat intervient non seulement après la publication de son décret de nomination au *Journal officiel*, mais aussi après l'accomplissement d'une formalité : l'installation. Prévue par l'article 7 de l'ordonnance du 22 décembre 1958, l'installation a lieu lors d'une audience solennelle de la juridiction au sein de laquelle le magistrat exercera ses fonctions.

Selon Antoine Garapon, magistrat, secrétaire général auprès de l'Institut des hautes études sur la Justice, cette cérémonie a tout d'un rite d'initiation : « L'impétrant est tout d'abord enfermé dans une petite pièce sombre, généralement la salle des témoins. Le président et le procureur désignent alors chacun un membre pour aller le chercher et le conduire à la barre, à laquelle l'impétrant reste seul pour écouter la lecture de son arrêté de nomination donné par le greffier. Il est ensuite invité par le chef de juridiction à rejoindre sa place à côté du président ou du procureur ».

Semblable au rituel initiatique du clergé ou de la chevalerie, cette cérémonie voit donc le nouvel arrivant d'abord isolé puis conduit dans la salle d'audience par deux de ses futurs collègues, un magistrat du siège et un du parquet. L'intéressé prend d'abord place face à la juridiction pour entendre la lecture du décret de nomination du président de la République ; il est ensuite présenté par le premier président ou le procureur général. Le magistrat rejoint ensuite le siège qui lui est désigné aux côtés de ses pairs : il est enfin installé.

Section X. Les vacances judiciaires[73]

Étymologiquement, le mot vacances vient de vacant, du latin ''*vacans*'', participe passé du verbe ''*vacare*'', et qui veut dire ''être libre'', ''inoccupé'', ''oisif...''. De nos jours, le vacancier désigne une personne en vacances, qui cesse ses activités habituelles, et non plus une personne oisive.

Le concept des vacances est né avec l'apparition des civilisations urbaines. C'est au XIXe siècle qu'elles se sont répandues dans toute l'aristocratie et la bourgeoisie en Europe occidentale. Elles correspondaient à la période où ces classes supérieures quittaient leurs résidences principales, qu'elles laissaient vacantes, pour aller dans leurs résidences secondaires à la campagne, au bord de la mer ou à la montagne.

Les vacances désignent à l'origine la période pendant laquelle les élèves cessent leurs études, puis les jours de vacances désignent les jours où l'on interrompt le travail pour se détendre.

Les vacances ont remplacé les vacations. Cependant, ce terme subsiste aujourd'hui dans le domaine du droit : les vacations désignent les vacances judiciaires, c'est-à-dire la période pendant laquelle les tribunaux interrompent leurs travaux.

Ainsi, à l'instar de l'enseignement, la Justice a ses vacances qui partent du mois de juillet à celui de septembre chaque année. Pendant cette période, le personnel judiciaire est censé jouir de ses congés annuels et par conséquent,

---

[73] Lire à cet effet l'article intitulé : « *Les vacances judiciaires, un mythe* » disponible sur le site : http://www.lalibre.be/actu/belgique/les-vacances-judiciaires-un-mythe-51b8945de4b0de6db9b0223a.

l'activité judiciaire tourne au ralenti, notamment en ce qui concerne la tenue des audiences dont le nombre est réduit.

Dans les juridictions où l'activité judiciaire est très intense, il s'est avéré que les matières urgentes, telles le référé et les audiences de flagrant délit,[74] n'étaient pas compatibles d'avec le ralentissement de l'activité judiciaire pendant trois mois. Dans la même logique, tout le personnel judiciaire ne pouvait plus jouir de son congé annuel pendant les trois mois, les nécessités de service ne permettant plus d'appliquer avec rigueur le principe de départ.

Dans les tribunaux où l'activité judiciaire est débordante, notamment en matière pénale, le rôle très surchargé des audiences de vacation amène à remettre en cause l'occasion du ralentissement de l'activité judiciaire, notamment la réduction du nombre des audiences pendant les vacances judiciaires.

Les vacances judiciaires trouvent leur origine en Occident, et plus précisément, elles datent de l'ancien régime. À cette époque, les juges n'étaient pas rétribués et vivaient des revenus de leurs propriétés. En été, une simple garde était assurée. De quoi leur permettre de retourner sur leurs terres, d'organiser les récoltes et de percevoir les loyers.

À la naissance de la Justice camerounaise, l'essentiel du personnel (magistrats et greffiers) était constitué de Français ou des Anglais, qui allaient en congé en Europe pendant la période estivale (juillet, août, septembre). Pendant leur absence, les tribunaux tournaient au ralenti jusqu'à leur retour des congés.

La « camerounisation » de la Justice a conservé entre autres cette tradition qui, à l'heure actuelle, est consacrée

---

[74]La tenue de ces audiences implique au premier chef la liberté de personnes poursuivies.

par l'article 12 (2) de la loi n° 2006/015 du 29 décembre 2006 portant organisation judiciaire, qui dispose que la période allant du 1er juillet au 30 septembre de chaque année est consacrée aux vacances judiciaires, période au cours de laquelle le nombre d'audiences est réduit d'un tiers au plus, sauf en ce qui concerne les affaires pénales, les référés et toutes les autres affaires réputées urgentes.

Ce texte est complété par les articles 32 et 33 alinéa 1 de la loi n° 2006/016 du 29/12/2006 fixant l'organisation et le fonctionnement de la Cour suprême, aux termes desquels :

« *Pendant la période du 1er juillet au 30 septembre, la Cour suprême se trouve en vacances judiciaires ; elle tient des audiences consacrées essentiellement à l'examen des procédures urgentes ; sont réputées urgentes notamment, les procédures de référé, de pension alimentaire et les demandes de mise en liberté* » ;

« *Au début de chaque année judiciaire et au plus tard le 28 février, la Cour suprême tient, sous la présidence du premier président, une audience solennelle de rentrée, à laquelle assistent également, en robe, les chefs des cours d'appel, des juridictions inférieures en matière de contentieux administratif et des juridictions inférieures des comptes* ».

Comme on peut le noter, les vacances judiciaires chez nous coïncident toujours avec la période estivale en Europe. Si tant est que les vacances judiciaires soient nécessaires pour le bon fonctionnement de la Justice, pourquoi a-t-on conservé cette même période ? Est-ce parce qu'elle coïncide aussi avec les vacances scolaires, ou s'agit-il d'un arrimage à un standard universel ?

Selon un article intitulé : « *Quand les juges prennent leurs vacances* », paru dans *Cameroon tribune* du 19 août 2009, bon nombre de magistrats consultés par l'auteur estimaient que cette affaire de vacances judiciaires était devenue obsolète et ne serait d'ailleurs qu'une survivance de l'époque coloniale.

Section XI. Aperçu historique de la magistrature coloniale française ou magistrature d'outre-mer

Les premières pages de la magistrature camerounaise ont été écrites par des magistrats français spéciaux sortis des moules de la « coloniale ». Leur spécialité avait trait aux conditions de leur recrutement, de leur formation et surtout du fait qu'ils étaient appelés à exercer prioritairement dans les colonies.

Les magistrats français en service au Cameroun avant l'indépendance, tout comme ceux de l'ensemble de l'empire colonial français, faisaient partie de la magistrature coloniale, encore appelée magistrature d'outre-mer, par opposition à la magistrature métropolitaine formée pour exercer exclusivement en métropole.

Pour l'essentiel, les magistrats coloniaux étaient des natifs de la métropole, faisant toute leur carrière dans les colonies, sauf dans la courte période de mise en place des tribunaux, durant laquelle l'on faisait appel à des magistrats extérieurs et expérimentés. Le recrutement se faisait peu au sein des élites locales, sauf dans les colonies les plus anciennes.

Les échanges entre les deux magistratures étaient limités, les migrations se faisant principalement d'anciennes colonies vers les nouvelles. Ce qui renforçait le constat, valable jusqu'au milieu du XXe siècle, d'une magistrature coloniale autonome, achevant le plus souvent sa carrière dans l'empire.

La décolonisation mettait un terme aux carrières des magistrats en place, avec des nuances propres aux différents pays. Les indépendances africaines n'ont pas entraîné une rupture brutale : une longue période de transition voit nombre de magistrats changeant seulement de statut en étant désormais rattachés au service de la coopération dans le pays où ils se trouvaient en 1960. Sur les 589 présents au 1er janvier 1960 en Afrique et à Madagascar (avec dépendances), 462 (82 %) restent en place un an après, 75 % sont toujours présents le 1er janvier 1962, le pourcentage diminuant progressivement pour atteindre le cinquième (120 magistrats) dix ans après l'indépendance. Les magistrats, de retour en France, ont été accueillis essentiellement dans les tribunaux de première instance comme juges et substituts, très peu étant désignés à la tête de tribunaux ou membres de cours supérieures (moins de 10 %) à examiner les fonctions exercées cinq ans après les indépendances africaines.

Ces postes qui leur étaient confiés dès leur retour d'Afrique semblaient conforter la perception selon laquelle la magistrature coloniale était relativement « inférieure » en matière de compétence, l'avancement dans l'empire, par sa rapidité et ses aléas liés à l'intérim, paraissant moins « mérité » que celui accordé en métropole[75].

Comment devenait-on magistrat d'outre-mer ?[76]

---

[75] Pour plus de détails sur le sujet, lire l'article de Jean Claude Farcy : « Quelques données statistiques sur la magistrature coloniale », disponible sur le site : www.cliothemis.com clio@Thémis. Numéro 4.

[76]Pour plus de détails lire : « Conférence faite au Sénat (français) en 2004 par Baptiste Leseigneur, magistrat à la retraite, ayant commencé sa carrière outre-mer et l'ayant terminée à la cour d'appel de Versailles où il a rempli les fonctions de président de chambre. Conférence publiée par le Centre d'information et de documentation de l'Inde francophone.

Le jeune homme qui s'orientait à la magistrature d'outre-mer devait acquérir les connaissances nécessaires à l'exercice de sa future profession et les prouver. Muni de son diplôme de licencié en droit, il demandait son inscription sur la liste des candidats au concours d'entrée à l'École nationale de la France d'outre-mer, qui s'appelait autrefois l'« École coloniale ». S'il réussissait à se classer parmi les premiers, d'éminents professeurs l'initiaient pendant deux ans aux problèmes de la colonisation.

Le candidat étudiait les rudiments des langues de ses futurs justiciables, leur droit coutumier, l'ethnographie des régions dans lesquelles il était appelé à servir, l'organisation administrative et judiciaire de l'Union française, l'économie politique coloniale. Des magistrats professionnels lui enseignaient la pratique de la profession judiciaire.

Après deux ans, il subissait deux épreuves distinctes, desquelles il était reconnu apte à exercer comme magistrat. L'examen de sortie portait sur les matières qui lui avaient été enseignées et l'examen professionnel était le même que celui de ses camarades qui s'orientaient à la magistrature métropolitaine. Ensuite, il était mis à la disposition du ministre des Territoires d'outre-mer par le garde des Sceaux. Dès lors, il pouvait obtenir du conseil supérieur de la magistrature ou du ministre un poste de juge ou de substitut de deuxième classe, dans la mesure des places disponibles.

Si le jeune licencié était rebuté par les deux années supplémentaires qui lui étaient imposées ou si la difficulté du concours ne lui permettait pas d'entrer à l'École nationale de la France d'outre-mer, il se présentait à l'examen professionnel de la magistrature coloniale. S'il réussissait, il était directement attaché au parquet d'une cour d'appel de l'Union française. Deux années plus tard, et à condition que sa manière de servir fût satisfaisante, il accédait au grade de juge suppléant.

Cet aperçu des conditions de recrutement et de formation du magistrat d'outre-mer permet de comprendre l'origine du statut « d'attaché de justice » qui est régi dans le statut de la magistrature par l'article 13 ainsi libellé :

« 1) Les auditeurs de justice n'ayant pas, à l'issue de leur scolarité, obtenu le diplôme de l'École nationale d'administration et de magistrature (ENAM), peuvent être, par décision du ministre chargé de la Fonction publique prise sur proposition du directeur de la division judiciaire de l'ENAM, et après avis du conseil de direction :

- *soit remis à la disposition de leur administration d'origine, s'ils sont fonctionnaires, soit licenciés.*

2) Ils peuvent toutefois, dans la limite des crédits disponibles, après avis du conseil de direction de l'ENAM et du ministre de la Fonction publique, être nommés attachés de justice et mis à la disposition du procureur général près une cour d'appel par arrêté du ministre de la Justice.

3) Ils sont utilisés par le procureur général dans les mêmes conditions que les magistrats en service à son parquet général. Ils prêtent devant la cour d'appel du lieu de leur affectation, le serment prévu à l'article 23 ci-après, en remplaçant le mot magistrat par les termes « attachés de justice ».

4) Après un an de fonction, les attachés de justice sont :

a) Soit intégrés dans la magistrature, conformément à l'article 12 paragraphe 2 et 3 ; soit maintenus en stage par arrêté du ministre de la Justice, garde des Sceaux pour une nouvelle année.

b) Soit licenciés ou le cas échéant, remis à la disposition de leur administration d'origine par arrêté du ministre de la Justice garde des sceaux, après avis de la commission de classement prévue à l'article 4a.

4) Les attachés de justice maintenus en stage en application du paragraphe 4 alinéa b sont à l'issue de cette nouvelle période :

- soit intégrés dans la magistrature, conformément à l'article 12 paragraphe 2 et 3,
- soit licenciés ou remis à la disposition de leur administration d'origine par arrêté du ministre de la Justice garde des Sceaux après avis de la commission de classement prévue ».

Section XII. L'historique de la chancellerie ou ministère de la Justice[77]

L'un des particularismes de la Justice, c'est que, d'une part le ministère de la Justice s'appelle aussi « chancellerie » et, d'autre part, son ministre ne s'appelle pas simplement ministre de la Justice comme le commanderait le bon sens, mais on y ajoute toujours l'expression énigmatique « garde des Sceaux ».

De quels sceaux s'agit-il ? S'il paraît évident qu'il ne peut s'agir que des sceaux de l'État, il serait intéressant de comprendre pourquoi, parmi tous les ministres du gouvernement, c'est celui de la justice qui a reçu mission de les garder. Pourquoi le ministère de la Justice reçoit-il également l'appellation « chancellerie » ?

---

[77] Lire à cet effet l'article intitulé : le ministre de la Justice en France disponible sur le site : https://fr.wikipedia.org/wiki/Ministre_de_la_Justice_(France).

Le ministre de la Justice, en France, est un membre du gouvernement chargé de la gestion des juridictions. Il est nommé par le président de la République sur proposition du Premier ministre.

Le ministre de la Justice est également détenteur du grand sceau de France et porte également le titre de garde des Sceaux.

Historiquement, un sceau authentifiait les actes royaux ou passés au nom du monarque. La justice était rendue [78]au nom du souverain. Toute décision de justice portait un sceau l'authentifiant. La fonction de gardien des sceaux de France[79] était dévolue, au Moyen-âge au chancelier. Celui-ci était alors révocable à volonté par le souverain. Toutefois, en cas d'indisponibilité du chancelier pour maladie ou absence de la cour, le roi confiait les sceaux à un personnage nommé « garde des Sceaux ». Le rôle de ce dernier disparaissait au retour du chancelier.

La fonction de garde des Sceaux fut créée par Philippe Auguste. Le 3 juillet 1194, Philippe Auguste affronte Richard Cœur de Lion aux abords de la forêt de Fréteval (près de Vendôme). Richard lui inflige une cuisante défaite, à l'issue de laquelle le roi de France perd ses équipages, son trésor et ses archives. Philippe Auguste fut contraint de reconstituer ses archives et confia cette mission à frère Guérin, qui créa le trésor des Chartes où furent déposés à partir de 1195 les registres et archives particulières de la couronne royale. Philippe Auguste fit élever Guérin, dès 1201, à la dignité de garde des Sceaux, chargé de conserver les sceaux et les archives royaux pendant la vacance de la

[78] Par les parlements, les baillis, les sénéchaux, etc. selon les systèmes.
[79] Le grand sceau, utilisé pour les actes les plus importants et le sceau privé pour les actes courants.

chancellerie. Il obtiendra le titre de chancelier en 1223, sous Louis VIII.

De nos jours, ce n'est plus le roi, mais le peuple français qui est souverain. Toute décision de justice se rend donc « au nom du peuple français » (cette formule se trouve souvent sur les décisions de justice, parfois en gras et en majuscules), mais la formule « garde des Sceaux » désignant le titulaire du pouvoir d'authentifier une décision comme prise au nom du souverain est demeurée.

Le garde des Sceaux est dépositaire de tous les sceaux, ceux des rois et des Républiques passés, ainsi que ceux de la Ve République, dont le grand sceau de France, qui sert, de nos jours à sceller certains actes constitutionnels. Le décret du 27 novembre 1790 supprime l'office de chancelier de France.

En 1791, le ministre de la Justice garde du sceau de l'État remplace le chancelier de France et le garde des Sceaux de France.

À partir de 1848, sous la IIe République, le garde des Sceaux est l'autre nom du ministre de la Justice, il utilise le grand sceau de France.

Le titre de garde des Sceaux est réutilisé au XIXe siècle et encore de nos jours, comme celui du ministre de la Justice. Il est le dépositaire de tous les sceaux, dont le sceau de la République utilisé pour sceller les actes constitutionnels. Il est un membre à part entière du pouvoir exécutif.

CHAPITRE III :

HISTOIRE DU DROIT CAMEROUNAIS ET ÉMERGENCE DE LA JUSTICE INSTITUTIONNELLE

Le système légal camerounais actuel est le fruit d'une longue évolution qui part de la période précoloniale à l'indépendance, en passant par la période coloniale. Si la colonisation a amené dans ses valises la common law anglaise et le droit civil français, elle a trouvé sur place une civilisation orale diversifiée couramment appelée coutume qui, en dépit des bourrasques reçues du colonialisme, demeure vivace dans la vie de l'institution judiciaire.

Pour mieux comprendre le système légal camerounais actuel, il convient de revisiter dans ses grandes lignes l'histoire du droit camerounais (section I) avant d'explorer les conditions de la naissance et les étapes de l'évolution de la magistrature camerounaise (section II).

Section I. Histoire du droit camerounais[80]

L'histoire du droit camerounais compte trois périodes permettant la compréhension de sa nature et l'évolution du système légal. Il s'agit de la période précoloniale (I), de la période coloniale allemande (II) et de la période sous mandat puis sous tutelle (III).

---

[80] Voir à ce sujet l'article intitulé : *Histoire du droit camerounais*, disponible sur le site : file:///C:/Users/user/Documents/Droit%20camerounais%20%E2%80%94%20Wikip%C3%A9dia.htm.

I. La période précoloniale

Avant la colonisation, la coutume constituait au Cameroun, comme partout ailleurs en Afrique noire, l'unique source du droit. En effet, dans l'Afrique traditionnelle, le droit trouvait sa source uniquement dans la coutume, c'est-à-dire un usage qui émane lentement de la conscience populaire et qui, considéré peu à peu comme obligatoire, deviendra règle de droit appelée à s'imposer à tous.

La coutume ainsi présentée a l'avantage d'être souple, malléable et de correspondre à tout instant à la volonté populaire, aux idées, aux mœurs du groupe social ou ethnique qui la génère. C'est pour cette raison qu'elle est autant respectée que solidement implantée.

Mais, cet attachement de la coutume à un groupe donné peut constituer malheureusement un handicap dans certains cas, notamment de par son caractère oral qui ne permet pas, d'une part, de la fixer de manière pérenne et d'autre part, son interprétation variable d'un individu à l'autre au sein de la même communauté, et d'une communauté à une autre.

À leur arrivée, les autorités coloniales successives ont voulu abolir ce droit coutumier pour le remplacer par leur droit. Il faut d'ailleurs noter qu'après leur départ, elles ont été relayées dans cette volonté par le législateur national.

En effet, dans un pays comme le Cameroun, on dénombre plusieurs dizaines de groupes ethniques auxquels correspondent des coutumes propres à chacun d'eux. Cette diversité des coutumes rend difficile la tâche du législateur qui veut imposer à tous la même règle.

C'est incontestablement l'une des raisons pour lesquelles l'autorité coloniale, lorsqu'elle a débarqué en Afrique, et au Cameroun en particulier, a tout simplement voulu imposer sa loi.

En effet, mû par l'indéniable souci de bâtir un État moderne où tout le monde serait soumis à la même norme juridique et de laquelle résulteraient toutes les prérogatives, l'autorité coloniale – relayée d'ailleurs en cela par les autorités du Cameroun indépendant –, jugeant difficile le fait d'avoir à harmoniser toutes les coutumes existantes, a opté d'imposer son système légal[81].

De manière générale, on peut dire que durant la période précoloniale, un certain nombre de normes et usages non écrits existaient et s'appliquaient à divers degrés, en fonction des groupes ethniques. La seule exception était la tribu foulbé qui avait envahi le nord du territoire depuis l'Afrique du Nord au début du XIXe siècle et en amenant avec elle le droit musulman qui se singularisait par sa structure, son contenu et les institutions chargées de l'appliquer.

II. La période coloniale allemande

L'histoire coloniale du Cameroun s'étale sur la période allant de 1884[82] au 1er janvier 1916[83]. Les Allemands n'ont véritablement pas connu de répit au cours des trente années qu'ils ont passées au Kamerun[84]. Ils se sont livrés à une guerre ininterrompue, tellement les Kamerunais acceptaient difficilement leur domination. C'est ainsi qu'ils ont éprouvé des difficultés considérables pour mettre en vigueur leur autorité sur la colonie.

Un système rudimentaire d'administration fut établi. Sous la coordination du gouverneur, le pouvoir administratif était entre les mains des chefs de district et des

---

[81] Lire à ce sujet : *La coutume, source de droit au Cameroun*, Victor Emmanuel Bokalli, chargé de cours à la faculté des sciences juridiques et politiques de l'Université de Yaoundé II.

[82] Date des premières signatures des traités allemands à Douala.

[83] Date de l'entrée des troupes alliées à Yaoundé.

[84] Ainsi s'appelait le Cameroun pendant la période coloniale allemande.

chefs indigènes. Le Sud et l'Ouest étaient divisés en 28 circonscriptions, et le Nord en trois résidences, à savoir : Banyo, Mora et Garoua. Ici, les Allemands contrôlaient la population par l'intermédiaire des lamibé.

Sur le plan judiciaire, deux systèmes parallèles de cours coexistaient : l'un exclusivement pour les Européens, pour lesquels le droit allemand s'appliquait, et l'autre exclusivement pour les Camerounais, pour qui le droit coutumier, sous le contrôle et la supervision des Allemands, était appliqué.

La tentative allemande de codifier les coutumes du Cameroun fut interrompue à cause du déclenchement de la mondiale. Cependant, le résultat des six tribus qui avaient pu être étudiées montre qu'elles avaient de grandes similarités de concepts et de pratiques. La justice était rendue par les chefs de famille, les chefs de quartiers, tous assistés de leurs conseils.

III. La période sous mandat puis sous tutelle de la France et de la Grande-Bretagne

Après le départ des Allemands, le Cameroun devient un territoire sous mandat de la Société des Nations (SDN) avant d'acquérir plus tard le statut de territoire sous tutelle des Nations Unies.

IV. La période sous mandat de la Société des Nations (SDN) (1919 - 1945)

Le mandat en droit international est une institution organisant l'administration d'un territoire (le mandaté) par un État (le mandataire) sous le contrôle d'une organisation internationale. Le mandat tire son origine de la nécessité de créer un régime susceptible de s'appliquer à l'ensemble des territoires non européens retirés à l'ex-empire allemand ou nés du démembrement de l'empire ottoman à l'issue de la Première Guerre mondiale.

L'article 22 du pacte de la SDN pose les principes généraux du régime du mandat : « Les peuples des territoires en question sont encore incapables « de se diriger eux-mêmes dans les conditions particulièrement difficiles du monde moderne ». Il faut donc en assurer le bien-être et le développement, tâches constitutives d'une « mission sacrée de civilisation ». Pour atteindre ce but, il est choisi de « confier la tutelle de ces peuples aux nations développées qui, en raison de leurs ressources, de leur expérience ou de leur position géographique, sont le mieux à même d'assumer cette responsabilité et consentent à l'accepter ». La nature et l'étendue des droits et devoirs entre le mandant et le mandaté vont varier en fonction du degré de développement des peuples considérés, et c'est ainsi que l'article 22, paragraphe 2, du pacte de la SDN prévoit trois sortes de mandats :

- les mandats A, constitués de régions détachées de l'empire ottoman et jouissant théoriquement de l'indépendance, sous contrôle d'un mandataire français pour la Syrie et le Liban, et anglais pour la Palestine, l'Irak et la Transjordanie ;
- les mandats B, constitués des colonies allemandes d'Afrique requérant une plus longue tutelle, car leurs populations sont considérées comme incapables de se gouverner toutes seules d'où la nécessité d'un mandataire devant les préparer à jouir de leur indépendance ;

Il s'agit de l'Afrique orientale ex-allemande, du Cameroun et du Togo ;

- les mandats C, constitués des autres colonies allemandes devant être directement intégrées aux empires coloniaux mandataires.

Le Cameroun devient ainsi un territoire sous mandat de la Société des Nations (SDN, ancêtre de l'ONU). En 1922, celle-ci confie ce mandat à la France et à l'Angleterre qui, depuis 1916, se l'étaient déjà octroyé, après un partage dans lequel la France obtint la part du lion.

Ce mandat fut confié à ces deux pays, conformément à l'article 119 du Traité de Versailles qui stipulait clairement que *« l'Allemagne renonce en faveur des principales puissances alliées et associées, à tous ses droits et titres sur ses possessions d'outre-mer »*.

Par un accord de la Société des Nations, « *les pleins pouvoirs d'administration et de législation* » furent conférés aux Britanniques et aux Français. Ce texte servit de base à l'arrivée de la *common law* anglaise et du droit civil français au Cameroun.

V. La période sous tutelle de la France et de la Grande-Bretagne

En 1945, la charte des Nations Unies a institué un régime international de tutelle par son chapitre XII en vue de surveiller certains territoires qui ont fait l'objet d'accords particuliers de tutelle avec leurs puissances administrantes.

Selon l'article 77 de la charte, ces territoires étaient :

- des territoires sous mandat de la Société des Nations ;
- des territoires détachés des pays vaincus de la Deuxième Guerre mondiale ;
- des territoires volontairement placés sous ce régime par les États responsables de leur administration.

Le régime de tutelle avait pour fin essentielle de favoriser le progrès politique, économique et social des territoires, ainsi que leur évolution vers la capacité à s'administrer eux-mêmes ou vers l'indépendance. Il avait aussi pour objectif d'encourager le respect des droits de l'homme et des libertés fondamentales et de développer le sentiment de l'interdépendance des peuples du monde.

Le 13 août 1946, l'ONU confie la tutelle du Cameroun à la France et à la Brande Bretagne. Cette tutelle connaîtra son terme en 1960 pour la partie sous tutelle française et en 1961 pour celle sous tutelle de la Grande-Bretagne.

Dès lors, l'évolution politico-administrative dans l'une ou l'autre partie sera étroitement liée à la méthode de gestion de la puissance tutélaire. À cet effet, il est de tradition d'opérer une distinction entre l'administration coloniale directe et administration coloniale indirecte, la première étant représentative du système français et la seconde du système britannique. En théorie, l'administration directe est définie comme étant le gouvernement direct de la colonie depuis la métropole par l'intermédiaire des agents de cette dernière, tandis que l'administration indirecte se définit comme le maintien, auprès de l'autorité métropolitaine, de structures traditionnelles. Dans les faits, ces deux types de systèmes présentèrent des visages presque identiques et conduisirent à des résultats comparables.

Il y avait d'importantes différences dans les politiques utilisées pour introduire leurs systèmes judiciaires respectifs. Les Britanniques, à l'instar des Allemands et des Français, utilisaient deux systèmes de juridictions parallèles, mais contrairement à eux, la séparation ne se faisait pas sur des bases raciales. Une structure était destinée au secteur traditionnel de la population, principalement les Camerounais, et l'autre pour le secteur moderne, principalement les Européens et les Camerounais qui l'avaient choisi.

V.1. La période sous tutelle de la Grande-Bretagne

Sur le plan administratif, les Britanniques découpent le territoire, à eux, confié en deux régions : le Northern Cameroons et le Southern Cameroons. Le territoire est placé sous administration indirecte (Indirect Rule). Des autorités indigènes (native-authorities) administrent les populations locales selon leurs coutumes, sauf lorsque celles-ci sont en contradiction avec les principes de la civilisation britannique. Les autorités britanniques déterminent les grandes orientations et en laissent la mise en œuvre aux autorités indigènes. Par ailleurs, les autorités britanniques gardent la mainmise sur le commerce, l'exploitation des ressources économiques et minières, et l'administration des Européens.

Sur le plan judiciaire, le droit applicable se basait sur l'article 11 du Southern Cameroons High Court Law de 1958, qui prévoyait l'application de la common law anglaise, la doctrine de l'équité et les lois d'application générale en vigueur en Angleterre au 1er janvier 1900. Sur cette base, un certain nombre de lois britanniques et des lois ou ordonnances nigérianes purent être appliquées aux Sud-camerounais.

Avec le système de gouvernance indirecte, les institutions traditionnelles et les coutumes locales purent être conservées, dès lors qu'elles ne contrariaient ni la justice naturelle, ni l'équité et la bonne conscience, ou qu'elles n'étaient pas incompatibles avec les lois existantes.

V.2. La période sous tutelle de la France[85]

En général, la France, dans la partie qui lui fut confiée, pratiqua une politique d'assimilation, qui consistait à

[85] Extrait de l'article intitulé : « De la dépendance à l'autonomie : l'État sous tutelle du Cameroun », par P.F. Gonidec, *Annuaire français de*

imposer leur mode de pensée et leur comportement au détriment de la culture traditionnelle. Là où cette politique échoua, on essaya la politique d'association. Celle-ci visait à se servir d'une partie de la culture, des lois et des coutumes camerounaises pour gouverner le pays. Une autre politique fut également mise en œuvre : le paternalisme qui consistait en l'exercice direct du pouvoir par la France. Les officiers coloniaux français dirigeaient le peuple avec une poigne de fer. Ils imposaient aux gens toutes sortes de lois et ceux qui y contrevenaient étaient arrêtés, battus et gardés en prison sans jugement. Les Camerounais n'avaient pas le droit de s'organiser en syndicats sans l'autorisation du haut-commissaire français. On appelait « indigénat » cette législation sévère que les gens abhorraient.

Sur le plan juridique, les Français, en droite ligne de leur politique d'assimilation, établirent une distinction stricte entre les citoyens qui étaient soit des nationaux français, soit des Camerounais ayant progressé et qui étaient de ce fait honorés par ce statut, et les Camerounais ordinaires qualifiés de « sujet ». Sur cette base, les deux systèmes juridiques coexistaient : l'un pour la population camerounaise en accord avec les lois coutumières et l'autre pour les citoyens français, en accord avec le droit français.

Sur le plan institutionnel, le pays va connaître une évolution graduée qu'on peut subdiviser en deux étapes, à savoir la période allant de 1919 à 1946, où le Cameroun est un pays totalement dépendant (a), et la période allant de 1946 à 1956 incluse, où le Cameroun commence à émerger à la vie politique (b).

---

droit international, année 1957, Volume 3, numéro 1 pp. 597-626, questions internationales intéressant la France.

a) La période allant de 1919 à 1946 : le Cameroun, pays totalement dépendant

Il va être question dans ces développements de voir comment le Cameroun s'est construit, sur le plan juridique, alors qu'il était sous-tutelle. En d'autres termes, comment est-ce que le pouvoir judiciaire s'est articulé depuis le départ. Notons qu'à ce moment de l'histoire, à ces débuts, il y a une hyper centralisation qui s'accompagne d'une confusion des fonctions dans le domaine judiciaire. La France conservera les juridictions traditionnelles, c'est-à-dire coutumières, mais va créer de nouvelles juridictions françaises. Celles-ci sont constituées uniquement de magistrats métropolitains qui relèvent soit de la Cour de cassation (tribunaux judiciaires), soit du Conseil d'Etat (Conseil du contentieux administratif).

Les juridictions coutumières sont composées de notables autochtones. Elles sont présidées par l'administrateur et sont constituées de membres nommés par le chef de territoire. Elles relèvent par la voie de l'appel des tribunaux de premier et de second degré. Au sommet de la juridiction, on a une chambre d'homologation composée de magistrat français et d'administrateurs qui assurent le contrôle et la supervision des décisions rendues en dernier ressort.

S'agissant du Conseil du contentieux, nous relevons qu'il y a une confusion totale. Il est présidé par le secrétaire général alors que sa composition est faite en plus grand nombre des administrateurs. On peut considérer que l'administration est alors juge et partie.

Mais nous soulignons que cette confusion est partielle pour ce qui est des tribunaux de l'ordre judiciaire. Ce qu'on nomme justice de paix à compétence étendue de Yaoundé est gérée par un administrateur. Par contre, le tribunal de première instance de Douala est quant à lui composé de magistrat de carrière. Nous n'oublions pas de relever que ces administrateurs exercent d'autres fonctions parajudiciaires.

Au sujet des tribunaux de droit local, ceux qui intéressaient les autochtones, les administrateurs devaient intervenir automatiquement. Ils étaient représentés à la chambre d'homologation ainsi qu'ils étaient membres des juridictions de premier et de second degré. Par le système dit de l'indigénat, ils avaient un pouvoir de nature répressive. Il nous faut également souligner que le commissaire de la République avait la compétence de créer des infractions sans limite. Les dites infractions pouvant être sanctionnées par des pénalités[86]. Enfin, notons que ces peines étaient appliquées par l'administrateur sans jugement, ou par le chef du territoire en conseil.

b) La période allant de 1946 à 1956 incluse : la marche vers l'autonomie

Comme pour l'histoire générale de l'humanité, la fin de la Deuxième Guerre mondiale reste un moment crucial en ce sens qu'il va avoir une évolution par rapport au régime antérieur. On va assister à la mise en place des institutions prévues par la Constitution, avec un temps d'arrêt et juste après une résurgence du nationalisme. On aura par la suite les réformes de 1957 qui vont ouvrir un grand chemin vers l'indépendance.

i. Les réformes de 1946

En faisant une lecture de cette évolution à partir du plan international, le Cameroun va passer du régime sous mandat vers le régime de tutelle. On peut considérer ce mouvement comme un changement d'étiquette plutôt qu'un réel changement historique dans le champ de l'avancée des droits des peuples. Au niveau interne on passe, comme le

[86] Amendes individuelles ou collectives, prison, interdiction de séjour, mise sous séquestre des biens.

veut la constitution française de l'Union française à l'Empire colonial. L'article 60 de cette constitution crée la catégorie juridique des « territoires associés » qui est pratiquement la même que les territoires sous-tutelle.

Une phase importante de cette évolution juridique historique est la suppression de l'indigénat suite au décret du 30 avril 1946. Et par la suite, les Camerounais sont soumis au droit pénal français et jugés par les juridictions répressives de celui-ci. Les administrateurs vont progressivement être éloignés des tribunaux de l'ordre judiciaire.

ii. La répartition des matières entre la France et le Cameroun

Au cours de cette évolution historique, on va assister à une répartition des matières entre la France et le Cameroun. Il s'agit d'une proposition de Ninine de 1955 qui va distinguer les matières à traiter par la France de celles réservées au Cameroun. C'est un projet qui avait déjà été mis en application au Togo ainsi qu'aux territoires d'Outre-mer. Le but de cette pratique est de permettre au Cameroun une certaine autonomie tout en délimitant ses prérogatives selon une formule de l'article 74 de la constitution.

Dans cette répartition, le domaine de la justice est du ressort de l'Etat français selon les réformes de 1946 (art. 11-6 et 50). Il faut dire que les tribunaux de droit français de l'ordre judiciaire ou administratif relèvent de l'État français. Il est important de souligner que la justice pénale est spécialement mentionnée et par conséquent, le Code pénal et le Code de procédure pénale sont des matières réservées. C'est tout à fait le cas pour la réglementation liée au contentieux administratif.

Il convient de relever dans cette répartition que ce sont les tribunaux de droit local qui relèvent de l'autorité camerounaise.

On voit dans cette disposition judiciaire instituée par les Français, dans la partie orientale du Cameroun, deux systèmes juridiques hautement discriminatoires. L'un pour les Français et les Camerounais assimilés et l'autre pour les indigènes. Il convient également de relever que le premier, c'est-à-dire celui qui devrait régir les Français et les Camerounais assimilés, appliquait les lois en vigueur en métropole. Ici on a une organisation qui est similaire à ce qu'on trouve en France. Il comprend la cour d'appel, la cour criminelle, le tribunal d'instance et la justice de paix.

Par contre, la démarche qui est celle applicable au Camerounais non assimilés ou aux indigènes est tout autre. Elle se fonde sur les coutumes et autres pratiques circonstancielles et ne garantit en aucun cas l'application d'un droit quelconque aux concernés.

Dans cette progression historique du statut des justiciables, il faut noter le décret du 13 avril 1921 qui met en place la première organisation judiciaire pour les indigènes avec désormais les tribunaux de premier degré pour les tribunaux de race et la chambre spéciale d'homologation.

Ce sont des juridictions qui statuent également en matière civile et pénale. On relève qu'après le Seconde Guerre mondiale, l'administration coloniale permet aux indigènes de présenter leurs litiges devant les juridictions françaises. Il faut dans ce cas que les deux parties soient du même avis : c'est la règle « *l'option de juridiction et de législation* » qui est devenue par la suite « *l'option de juridiction entraîne l'option de législation*[87] ».

On va observer une régression par la suite. C'est en effet un autre décret, celui du 30 avril 1946 qui retire aux juridictions pour indigènes le pouvoir de connaitre des affaires pénales. A partir de ce moment, il n'y a que les juridictions pour Français qui doivent les prendre en charge et appliquer les lois françaises.

Comme illustration de cette situation, on verra comment en matière de droit substantiel, le Code pénal français de 1810, dans sa version de 1877 est applicable aux Français et assimilés aussi bien qu'aux indigènes et ceci à la faveur des décrets du 19 mars 1903 et du 22 mai 1924. C'est le cas pour le droit pénal de forme. A partir de ce moment, le Code d'instruction criminelle de 1808, qui aura été maintes fois modifié, devient applicable à tout le monde par ordonnance du 14 février 1838.

Pour éviter un vide juridique, cette situation ne changera pas, même avec l'accession du Cameroun à la souveraineté politique. Et c'est ce qui a fait l'objet de notre questionnement. Les lois métropolitaines sont restées en vigueur dans presque tous les domaines jusqu'à la mise en place d'une loi nationale.

C'est en ce sens que la réforme judiciaire au Cameroun surviendra, par l'ordonnance n° 59/86 du 17 décembre 1959. Elle vient peu avant l'indépendance qui surviendra le 1er janvier 1960. Par l'ordonnance du 30 décembre 1958, le pays passe par une progression considérable vers l'évolution de son statut de territoire

[87] Ce principe a été consacré par l'article 2 du décret n° 69/DF/544 du 19 décembre 1969 fixant l'organisation et la procédure devant les juridictions traditionnelles du Cameroun oriental modifié par le décret n° 71/DF/607 du 3 décembre 1971.

sous-tutelle. C'est ce que l'on peut considérer comme l'autonomie interne complète.

À partir de cet instant, le Cameroun ne sera plus représenté par les assemblées françaises, il peut désormais mettre en place ses lois administratives. Il rend justice, sa nationalité est reconnue sur le plan international et le 1er janvier 1960, l'indépendance du Cameroun est solennellement proclamée par Ahmadou Ahidjo en sa qualité de Premier ministre.

Section II. Naissance et évolution de la magistrature camerounaise

Sur le plan politique, l'accession à l'indépendance du pays marque la substitution des institutions coloniales par celles du jeune État. Sur le plan judiciaire en particulier, il fallait tout mettre en œuvre pour que les institutions existantes puissent continuer à fonctionner. Pour y arriver, une étape transitoire était nécessaire (I) afin de mettre sur pied les rudiments devant permettre à la nouvelle République de faire sereinement ses premiers pas (II). Ainsi, il fallait que l'État se dote de ses tout premiers magistrats (III) appelés entre autres, à animer aussi bien la Cour suprême (IV) que le ministère de la Justice (V).

I. Étape transitoire entre la France (autorité de tutelle) et l'État camerounais (en création)

L'ordonnance française n°58/1375 du 30 décembre 1958, en son article 21 portant statut du Cameroun, rend possible le transfert de l'administration de la justice à l'État du Cameroun.

Le 31 décembre 1958, la convention franco-camerounaise sur la justice est signée à Paris et à Yaoundé entre Bernard Cornut Gentil, ministre de la France d'outre-mer représentant la France et Ahmadou Ahidjo, Premier ministre, chef du gouvernement camerounais.

Aux termes de cette convention, la justice sera rendue au nom du peuple camerounais, mais le président français continuera d'exercer le droit de grâce, sur proposition du gouvernement camerounais. L'autorité judiciaire est indépendante de l'autorité administrative et du pouvoir législatif ; le titre III de cette ordonnance est consacré au statut de la magistrature.

Le 13 janvier 1959 se tient à la cour d'appel de Yaoundé, faisant office de Cour suprême, l'audience solennelle marquant l'effectivité du transfert à l'État du Cameroun de l'administration de la justice. Cette audience s'est tenue en présence de Xavier Torre, haut-commissaire de la République française au Cameroun ; Ahmadou Ahidjo, Premier ministre, chef du gouvernement et ministre de la Justice, et du Barreau, conduit par maître Fouletier.

À partir du 1er janvier 1959, la justice est rendue, non plus au nom du peuple français, mais au nom du peuple camerounais, bien que ce soit encore par des magistrats français. Avant cette date, les jugements et les arrêts commençaient par « République française, avec en dessous la devise liberté – fraternité – égalité, puis au nom du peuple français ».

II. Les premiers pas du jeune État du Cameroun

Sur le plan textuel, l'ordonnance n° 59-85 du 17 décembre 1959 est le premier texte qui porte statut de la magistrature camerounaise.

À l'époque de la fédération, la magistrature camerounaise était régie par le décret n° 70 -DF-253 du 2 juin 1970 modifié par les décrets n° 70-DF-322 du 23 juin 1970 et 71-DF-460 du 7 septembre 1971.

Lors de l'avènement de la République du Cameroun, la magistrature a été organisée par le décret n° 75-596 du 25 août 1975, modifié par le décret n° 76-247 du 24 juin 1976.

Ce texte sera modifié par le décret n° 82-467 du 4 octobre 1982 portant statut de la magistrature.

Le corps de la magistrature est actuellement régi par le décret n° 95/048 du 08 mars 1995 portant statut de la magistrature et les textes modificatifs subséquents, notamment les décrets n° 2012/190 du 18 avril 2012 modifiant et complétant certaines dispositions du décret n° 97/016 du 22 janvier 1997 accordant des avantages à certains magistrats et celui n° 2012/198 du 18 avril 2012 modifiant et complétant certaines dispositions du décret n° 2000/310 du 3 novembre 2000 modifiant le tableau annexé au décret n° 95/048 du 8 mars 1995 portant statut de la magistrature.

Le texte de 1995 a marqué un tournant décisif dans l'évolution de la magistrature camerounaise en ce sens qu'il a supprimé l'inamovibilité naguère reconnue aux magistrats du siège.

En effet, l'article 5 du statut de 1982 était ainsi libellé : *« Les magistrats du siège ne relèvent, dans leurs fonctions juridictionnelles que de la seule loi et de leur conscience. Les magistrats du siège sont inamovibles et ne peuvent recevoir, sans acceptation de leur part, une autre affectation sauf application des règles de l'intérim visées aux articles 67 et 68 du statut, c'est-à-dire assurer la suppléance du titulaire du poste absent ou empêché ».*

L'article 5 du statut de 1995 est ainsi libellé : *« Les magistrats du siège ne relèvent dans leurs fonctions juridictionnelles que de la seule loi et de leur conscience ».*

En passant, notons qu'en droit français, l'inamovibilité est traditionnellement conçue comme une garantie d'indépendance statutaire attribuée au magistrat du siège de l'ordre judiciaire, afin de le protéger contre le risque d'éviction arbitraire par le pouvoir politique. Elle est ainsi supposée faire bénéficier le magistrat d'une protection exorbitante par rapport au droit commun de la fonction publique. Déjà considérée comme un « antique et tutélaire principe au milieu du XIXe siècle », cette garantie a traversé le temps et les régimes politiques, depuis l'époque médiévale jusqu'aujourd'hui. Érigée en loi fondamentale du royaume à la veille de la Révolution, elle a été reprise et consacrée par la presque totalité des Constitutions qui se sont succédé depuis 1791. Mais alors qu'elle semble offrir l'image d'un modèle de garantie susceptible d'inspirer le statut d'autres catégories d'agents publics, l'inamovibilité est, de manière paradoxale, souvent décrite comme un « mythe ».

Comment comprendre le revirement du législateur camerounais qui, il faut le souligner, intervient cinq ans après l'entrée en vigueur des « lois de 1990 » qui, prises dans un contexte de renouveau démocratique, avaient pour vocation d'arrimer le système juridique du Cameroun aux standards d'une société de liberté dans laquelle le pays s'apprêtait à entrer ?

S'est-il agi pour lui du souci de refréner l'enthousiasme collectif consécutif à l'ouverture démocratique enclenchée ? Ou bien s'est-il agi d'un message adressé aux juges relativement aux limites de leur supposée indépendance ? On peut aussi voir en ce recul le souci des pouvoirs publics de s'affranchir de toute contrainte dans le déploiement des magistrats, qu'ils soient du siège ou du parquet.

Quoi qu'il en soit, toute réflexion sur l'indépendance du juge dans notre système légal devrait préalablement questionner les mobiles qui ont amené les pouvoirs publics à faire sauter ce verrou qui, quoique considéré partout ailleurs comme un mythe, traduit néanmoins la volonté du législateur de concéder aux acteurs principaux de la justice une illusion d'indépendance.

À titre de droit comparé, notons cependant que selon une étude faite sur l'indépendance de la justice dans les pays francophones par le professeur Alioune Badara Fall[88], le Cameroun et le Mali sont les deux États francophones ayant supprimé l'inamovibilité du juge des textes.

Mais, même dans les pays où ce principe continue d'exister dans les textes, il subit néanmoins d'importantes restrictions.

Selon le professeur AliouneBadara Fall dans son ouvrage mentionné supra, en Afrique, la réalité que traduisent les conseils de magistrature dans leur composition comme dans leur fonctionnement ne favorise pas les principes d'indépendance et d'inamovibilité solennellement inscrits dans les textes. Cela est d'autant plus paradoxal que les atteintes à ces principes ont été aménagées par les textes juridiques eux-mêmes. Ainsi au Sénégal (mais c'est le cas dans la majorité de ces pays), le principe d'inamovibilité est mis en échec par l'article 5 de la loi organique portant statut des magistrats. Il permet à l'exécutif d'arguer des « nécessités du service » pour neutraliser les juges opposés au dictat du pouvoir politique. Ainsi, il peut procéder, avec l'accord du conseil supérieur de la magistrature, à des déplacements de magistrats sans avoir besoin de solliciter leur accord, et surtout sans que cela soit objectivement commandé par les impératifs du

[88] Voir son ouvrage intitulé *Les menaces internes à l'indépendance de la justice.*

service. Cette entorse au principe d'inamovibilité est par ailleurs doublée d'une autre, l'article 68 alinéa 2 de la loi organique sur le statut des magistrats, qui permet d'assurer l'intérim si le nombre de magistrats disponibles dans la juridiction est insuffisant.

Le système français n'est pas non plus à l'abri de telles atteintes au principe d'inamovibilité. Certes, le magistrat y est aussi protégé – certainement mieux que dans nombre de pays – contre les déplacements, les suspensions, les révocations arbitraires, mais ces dispositions souffrent aussi de quelques atténuations compte tenu des exigences du service public. D'abord, comme tout individu, les magistrats peuvent être victimes de maladie, et comme tout travailleur, ils ont droit à des congés et les femmes, à des congés de maternité. Ces interruptions de travail ont amené le législateur à adopter une loi organique pour organiser le remplacement de ces juges momentanément empêchés et le système a été progressivement élargi par les lois organiques du 19 janvier 1995 et 30 mai 2001. À cela, il faut ajouter la possibilité discrétionnaire des chefs de cour d'appel de procéder à un système de « délégation de magistrat » sur un autre poste.

III. L'entrée en scène des tout premiers magistrats camerounais[89]

À la veille de son indépendance politique, le Cameroun ne comptait parmi ses citoyens aucun magistrat professionnel. Face au vide imminent qu'allait occasionner le départ des magistrats français de la coloniale, il fallait parer au plus pressé en désignant des « magistrats » qui devaient se former dans le tas.

---

89 Pour plus de détails, voire l'ouvrage de Guy Roger EBA'A intitulé *Les grands moments de la justice au Cameroun de 1958 à 2010*, Presse de l'Université catholique d'Afrique centrale, ISNB 2-84849-055-1.

III.1. Nomination et prestation de serment

C'est ainsi que par décret n° 58/187 du 22 octobre 1959, les tout premiers magistrats camerounais sont nommés. Ils sont au nombre de 11, soit 5 anciens fonctionnaires des services civils et financiers et 6 greffiers en activité dans les services judiciaires. Ce ne sont pas des magistrats au même titre que leurs collègues français, qu'ils sont appelés à remplacer, mais ils sont « délégués dans les fonctions judiciaires ».

Le 27 octobre 1959, ils prêtent serment devant la cour d'appel du Cameroun en présence du Premier ministre Ahmadou Ahidjo et de Xavier Torre, haut-commissaire de la République française au Cameroun[90] ; le président de l'Assemblée législative Jean Baptiste Mabaya et du ministre de la Justice, Charles Okala.

L'audience est présidée par le premier président, Bernard, tandis que l'avocat général Sanglier occupe le banc du ministère public.

Ils ont *« juré et promis de bien et fidèlement remplir leurs fonctions, de garder religieusement le secret des délibérations et de se conduire en tout, en digne et loyal magistrats »*[91].

III.2. Liste des onze premiers magistrats camerounais

- Djemba Guillaume, secrétaire d'administration de 1ère classe, 3e échelon retraité, en remplacement de M. Bore, juge par intérim au tribunal de Douala, en congé ;

[90] Il a remplacé jean Ramadier un an plus tôt.

[91] Depuis lors, l'ossature du serment du magistrat au Cameroun n'a pas varié.

- Djemba Stéphane, secrétaire d'administration principal 1er échelon retraité, juge au tribunal de Yaoundé, en remplacement de M. Rougier, appelé à d'autres fonctions ;
- Muth Herman, secrétaire d'administration principal, 1re classe, 2e échelon, juge par intérim au tribunal de Yaoundé, section d'EBOLOWA ;
- Mbita Obam Martin, greffier de 2e classe, 3e échelon du cadre supérieur A, juge par intérim au tribunal de Douala, section Kribi ;
- Bobiokono Christophe, greffier de 2e classe, 1er échelon du cadre supérieur A, juge par intérim à la section Abong-Mbang du tribunal de Yaoundé ;
- Mayanka Josué, greffier adjoint principal de 3e échelon du cadre supérieur B, juge au tribunal de Douala ;
- Nakouma Essama Simon Pierre, greffier de 2e classe, 1er échelon, cadre supérieur B, juge par intérim au tribunal de Yaoundé ;
- Priso Moulema Jacques, huissier de justice à Ebolowa, juge par intérim au tribunal de Douala, section Nkongsamba ;
- Etoundi Joseph, greffier de 2e classe 3e échelon, capacitaire en droit ;
- Bonny Eboumbou, rédacteur principal de 2e classe, retraité, juge suppléant par intérim à la section Ebolowa du tribunal de Yaoundé, en l'absence d'un des titulaires ;
- Sengat Kuoh Théodore, secrétaire d'administration principal de 1er échelon, retraité, en remplacement d'un magistrat français appelé à d'autres fonctions, substitut du procureur de la République près le tribunal de Douala.

IV. Les grandes dates de la Cour suprême du Cameroun[92]

La configuration actuelle de la plus haute juridiction du pays qu'est la Cour suprême est le fruit d'une aventure qui a débuté en 1959. Revisitons les grandes dates qui ont marqué l'édification de la Cour suprême de ses débuts jusqu'à la Constitution de 1996.

1959 :

- Création par ordonnance n° 59/86 du 17 décembre 1959 de la Cour suprême du Cameroun (oriental) ;

1961 :

- Création, par l'ordonnance fédérale du 16 octobre 1961 de la Court of Appeal of Buea[93] et coupure du cordon avec la Court of Appeal of Lagos jusqu'alors compétente sur le territoire du Cameroun anglophone[94]. Création d'une chambre des comptes auprès de la Cour suprême du Cameroun oriental (loi n° 61/03 du 4 avril 1961).
- Création, suivant la loi n° 61/24 du 1er septembre 1961 de la Cour confédérale de justice du Cameroun.

---

[92] Lire à ce sujet le document intitulé : *La mémoire du Cameroun.* Encyclopédie en ligne de l'histoire des organisations du Cameroun.htm disponible sur le site : file:///C:/Users/user/Documents/Cour%20supreme%20-%20La%20M%C3%A9moire%20du%20Cameroun.%20Encyclop%C3%A9die%20en%20ligne%20de%20l'histoire%20des%20organisations%20du%20Cameroun.htm.

[93] Elle faisait office de Cour suprême du Cameroun occidental.

[94] Le Cameroun occidental, était un territoire autonome dans la fédération nigériane depuis 1954.

1972 :

- La réunification met fin à l'existence des deux cours suprêmes fédérales existant au Cameroun oriental et au Cameroun occidental et à la Cour fédérale de justice, organe créé en 1961 pour connaître entre autres points "*des conflits entre les États fédérés entre eux ou entre la République fédérale et les États fédérés*".
- **Janvier 1984** : il convient de relever que le passage de la République unie du Cameroun à la République du Cameroun (simple changement de dénomination constitutionnelle) n'aura entraîné aucun changement au niveau des institutions judiciaires.
- **18 janvier 1996** : la nouvelle Constitution instaure en son titre V, articles 37-42, un pouvoir judiciaire aux côtés des autres pouvoirs et donne à la Cour suprême la configuration actuelle.

V. Les responsables de la haute hiérarchie judiciaire[95]

Dans le souci de la conservation de la mémoire de l'institution judiciaire dans notre pays, il nous a semblé nécessaire de faire ici l'inventaire des personnalités ayant dirigé la haute juridiction qu'est la Cour suprême.

Le panorama des personnalités ayant eu la charge d'animer le fonctionnement de la Cour suprême fait ressortir que les pionniers étaient soit des Français soit des Britanniques, et que c'est à leur départ que des Camerounais ont pris la relève. Ce constat est valable dans la période d'avant ou d'après 1972.

---

[95]Extrait du document de présentation de la Cour suprême du Cameroun intitulé : *La Cour suprême du Cameroun*, opuscule final fr.pdf. Adobe Reader.

VI. Les anciens chefs de Cour suprême avant 1972

VI.1. Les anciens chefs des Cours suprêmes des États fédérés

a) Au Cameroun oriental

Premier président de la Cour suprême	Procureur général près la Cour suprême
M. Bernard	M. Parent
M. Stalter	M. Marcel Nguini
M. J. Michel Corre	

b) Au Cameroun occidental

Chief Justices	Attorneys General
Hon. Mr. Justice K.L. Gordon	Hon. Mr. P.L.U cross
Hon. Mr. Justice Charles Stewart	Hon. Mr. O'brian Quinn
Hon. Mr. Justice Michel Cotran	

VI.2. Les chefs de la Cour suprême du Cameroun après 1972

Premier président de la Cour suprême	Procureur général près la Cour suprême
M. Marcel Nguini M. J. Rémy Mbaya M. Alexis Dipanda Mouelle M. Mekobe Sone Daniel	M. François Xavier Mbouyom M. Mbella Mbappe ; M.L. Gabriel Djeudjang M. Alexis Dipanda Mouelle M. Martin Rissouck A Moulong M. Ndjodo Luc

VII. Les ministres de la Justice du Cameroun

Il nous a semblé nécessaire, pour des besoins de mémoire, de recenser les personnalités qui, depuis l'indépendance, ont eu la lourde responsabilité de diriger le stratégique ministère de la Justice. C'est une aventure qui débute le 10 mai 1959 avec René-Guy Charles Okala comme pionnier :

« 18 février 1958. Une nouvelle page de l'histoire du Cameroun autonome de langue française vient de s'ouvrir. À la suite de la démission le 16 février 1958 d'André Marie Mbida ainsi que de tout son gouvernement, démission due à un passage en force sagement orchestré par Jean Ramadier, haut-commissaire français de l'État du Cameroun sous tutelle des Nations Unies, Ahmadou Ahidjo prend la tête de cette partie du Cameroun.

Et après deux premiers gouvernements formés le 20 février 1958 et le 10 mai 1959, Ahmadou Ahidjo nomme de nouveaux ministres le 18 juin 1959. Un poste qui n'a figuré sur aucun des quatre gouvernements précédents de l'État du Cameroun autonome de langue française apparaît : le ministère de la Justice. René-Guy Charles Okala a la lourde charge de poser les bases de ce tout nouveau département ministériel »[96].

Tel l'évangéliste Luc décrivant les circonstances de la naissance de l'Enfant Jésus[97], le magazine d'informations générales du ministère de la Justice présente ainsi à sa manière l'apparition du tout nouveau ministère de la Justice dans l'architecture gouvernementale de notre pays, avec en prime l'identité du pionnier chargé d'implémenter ce nouveau pan de l'activité étatique.

Le décompte laisse apparaître que de 1960 à 2017, ce sont au total 21 personnalités, dont 1 vice-premier ministre, 2 ministres d'État, 14 ministres, 1 ministre adjoint, 2 ministres délégués, 1 secrétaire d'État et 1 secrétaire d'État chargé de l'administration pénitentiaire, qui ont tenu les rênes de l'exécutif judiciaire[98].

---

[96] *JUSTITIA*, magazine d'informations générales du ministère de la Justice, décembre 2017 ; n° 010 p. 57.

[97] Luc chapitre 2, verset 1 à 7.

[98] Selon les archives du service de la documentation du ministère de la Justice, cités par Guy Roger Eba'a, le président Ahidjo, alors Premier

Le tableau ci-après présente de manière chronologique les différents ministres de la Justice du Cameroun de 1959 à nos jours, mais dans l'ordre inversé.

Période	Nom et prénoms
2009 –	Laurent Esso
2001-2009	Amadou Ali
2000-2001	Robert Mbella Mbappe
1996-2000	Laurent Esso
1991-1996	Douala Moutome
1989-1991	Adolphe Moudiki
1985-1989	Benjamin Itoe
06/83-1985	André Ngongang Ouandji
04/83-06/83	Gilbert Andze Tsoungui
1972-	Simon Achidi Achu
1971-1972	Félix Sabal Lecco
1964-1971	Sanda Oumarou
1961-1964	Njoya Arouna
1960-1961	Mohaman Lamine
1960-1960	Victor Kanga
1959	Charles Okala

ministre, avait cumulé les fonctions de ministre de la Justice entre 1958 et le 18 juin 1959. C'est d'ailleurs en cette qualité qu'il assiste aux audiences solennelles avec à ses côtés le haut-commissaire de la République française Xavier Torre.

Ministres délégués ou adjoints successifs

Période	Nom et prénoms	MD ou MA
2019-	Jean de Dieu Momo	MD
2011- 2019	Jean-Pierre Fogui	MD
2001-2011	Maurice Kamto	MD
1967-1970	Emmanuel Egbe Tabi	MA

CHAPITRE IV :

LES TRAITS CARACTÉRISTIQUES DE LA MAGISTRATURE LÉGUÉE PAR LA FRANCE AU CAMEROUN

La réflexion sur la réforme judiciaire au Cameroun est une entreprise complexe, en ce sens qu'il n'est pas toujours aisé de délimiter le champ des réformes. La tendance générale est de mettre en exergue les aspects superficiels en perdant de vue les causes profondes des dysfonctionnements observées çà et là.

À notre avis, une réforme profonde doit pouvoir prendre en considération les fondements philosophiques, historiques et juridiques qui ont présidé à la naissance des institutions qui nous ont été léguées par le colon. Dans cet exercice, nous ferons une lecture comparative des philosophies française et anglaise de la décolonisation du Cameroun (section I), avant d'aborder successivement l'institution judiciaire dans l'histoire politique française (section II) et l'historique du conseil supérieur de la magistrature en France (section III).

Section I. Lecture comparative des philosophies française et anglaise de la décolonisation du Cameroun[99]

L'actualité au Cameroun relative à ce qu'on nomme crise anglophone est l'expression manifeste de la difficulté

[99] Voir à ce sujet l'article intitulé : « De la dépendance à l'autonomie : l'État sous tutelle du Cameroun » de P.F. Gonidec, in l'*Annuaire*

à trouver une harmonie entre les systèmes judiciaires français et anglais hérités de la colonisation. De part et d'autre de la rive du Moungo, il y a des incompréhensions et des suspicions sur les différentes manières de concevoir et de percevoir le droit. L'explication est certainement liée à l'origine de ces différents droits. On peut illustrer ceci par le fait que dans la perception francophone de la justice, il existe un corps indépendant de notaires, alors que le système anglophone fait jouer ce rôle par les avocats. Face à ces différences qui ont un impact considérable sur la vie judiciaire du Cameroun aujourd'hui, on peut ou alors on doit s'interroger sur la transition politique entre ces pays qui avaient la responsabilité de porter le pays à l'indépendance et les futurs administrateurs bénéficiaires.

Pour faire un peu d'histoire qui pourrait nous amener à comprendre cette logique historique de l'Occident, il nous faut peut-être rappeler que l'histoire européenne du XIXe siècle s'enracine dans le désir d'expansion vers l'ailleurs. Ce désir prend appui sur la Révolution industrielle. Il faut conquérir les espaces de marché à travers le monde pour vendre ou tout simplement valoriser ses productions. Et dans le même sens, il faut imposer à ceux qu'on rencontre des manières d'être et de faire pour l'accomplissement du projet initial. C'est pour cette raison que le droit va être une préoccupation fondamentale dans cette démarche. Vers le milieu du XXe siècle on verra une forme de remise en question de cette prétention européenne à imposer aux autres des manières de faire et d'agir. La dépendance instituée va nécessairement et progressivement laisser la place au projet d'indépendance. Les peuples ne supportent plus les présences étrangères qui les oppressent et qui les oppriment. Il convient de nous rappeler les différentes

---

français de droit international, année 1957, Volume 3 Numéro 1 pp. 597-626 questions internationales intéressant la France.

perceptions de l'homme et de l'administration des Anglais et des Français au Cameroun pour comprendre comment ces visions différentes de l'homme et du droit sont parvenues à créer deux peuples.

Dans la démarche anglaise, l'octroi du « Full responsible government » devait, le moment venu, être pur et simple, inconditionnel. Comme les Français, ils restent sensibles au maintien des liens d'interdépendance avec les anciennes colonies, ils estiment aussi que ces liens ne doivent pas nécessairement être formels. Le cadre commode du Commonwealth, devenu multiracial, est une illustration de cette politique. Les Anglais préfèrent aux liens juridiques des liens plus puissants[100], « des liens aussi légers que l'air, mais aussi forts que l'acier », selon la formule imagée et évocatrice d'un honorable parlementaire. Pour que ces liens perdurent, ils vont faire sortir de prison les chefs nationalistes pour les hisser au pouvoir, sans même se donner la peine de changer le gouverneur qui les y avait placés.

Pour ce qui est des Français, ils sont animés par l'hyper formalisme juridique qu'ils ont hérité du droit romain et du droit civil. Ils ont tout à fait une autre perception du rapport avec les ex-colonies. C'est dans cette compréhension qu'ils mettront en place des liens juridiques (règles) capables de tenir durablement celles-ci.

Selon la formule suggestive de Salvador de Madariaga, les Français aimaient insérer les choses et les actes dans « le quadrillé du droit ». Cette psychologie expliquait le désir de la France d'unir à elle les pays d'outre-mer devenus indépendants (États protégés) par des conventions internationales en bonne et due forme.

---

[100] Il s'agit des liens économiques, culturels, politiques, psychologiques ;

On va observer comme autre différence entre le France et l'Angleterre dans cette administration du Cameroun, le fait que la France dirige elle-même alors que l'Angleterre associe et passe le témoin progressivement aux acteurs locaux. Nous notons que l'ordre français est imposé depuis Paris où tout se décide et s'organise. Le rapport avec les administrés est véritablement vertical. On y voit un complexe de supériorité qui pourrait expliquer le degré de violence qu'on a eu au Cameroun dans les luttes pour la libération. L'ordre français était un ordre imposé d'en haut. Il était envisagé dans une perspective verticale et non horizontale entre collectivités égales, selon la juste observation de Paul Mus, dans son livre remarquable consacré à l'Union française.

Les anglais par contre, dans leur démarche, trouvent un moyen de passer le pouvoir aux autochtones en leur donnant la possibilité de régler par eux-mêmes leurs affaires. Son parlement et son gouvernement n'intervenaient dans les affaires des colonies que pour préciser les objectifs de la politique coloniale. Pour bien le comprendre, il est typique que la constitution de la Gold Coast[101] de 1950 ait été rédigée par une commission de 40 membres, tous des Africains. Le rapport de cette commission reçut dans l'ensemble l'approbation du gouvernement britannique.

Comme on va le voir au Cameroun après les années 50, il y a une méfiance de l'administration française par rapport aux mouvements nationalistes qui se sont constitués justement pour libérer le pays de la domination expressive de la France. C'est dans ce sens que la France s'opposera énergiquement aux actions des nationalistes au point d'en

[101]Il s'agit de l'actuel Ghana.

faire des dégâts que certains qualifient de crime contre l'humanité ou encore de génocide.

Il est certain que ce n'est pas avec joie que les Anglais accueillaient les mouvements nationalistes, mais nous voyons bien que leur approche va être différente. Ils entrevoient mieux que les Français les notions de liberté des peuples ou encore de droit des peuples à disposer d'eux-mêmes. Ils sont en effet maîtres dans l'art d'appliquer cette vieille maxime : « *divide ut imperare* »[102], mais ils n'oublient pas que les peuples finiront par obtenir leur liberté.

Ils semblent en effet plus réalistes que les Français dans leur exercice de transmission du pouvoir. Cette disposition tactique dans la manière d'administrer les colonies montre bien un souci de conduire les peuples vers l'autonomie. C'est d'ailleurs le mandat qui est confié à ces pays qui ont le Cameroun sous-tutelle. Cette disposition fait qu'on peut penser qu'il ne leur était pas venu à l'idée de réaliser une fusion entre les « British Overseas » et la métropole. Contrairement aux Français, ils ont l'expérience des Amériques où ils ont intégré le fait qu'il est impossible de soumettre éternellement un peuple sans qu'il ne se soulève pour réclamer sa liberté.

Les Français au contraire tiennent immuablement à soumettre les pays d'outre-mer et à les intégrer à la métropole. C'est en ce sens qu'ils mettent par exemple en place la catégorie des assimilés. Leur projet c'est de

[102]Maxime latine signifiant ''diviser pour régner''. En politique et en sociologie, c'est une stratégie visant à semer la discorde et à opposer les éléments d'un tout pour les affaiblir et à user de son pouvoir pour les influencer. Cela permet de réduire des concentrations de pouvoir en éléments qui ont moins de puissance que celui qui met en œuvre la stratégie, et permet de régner sur une population alors que cette dernière, si elle était unie, aurait les moyens de faire tomber le pouvoir en question.

transformer les colonies en des départements français situés au-delà des mers.

En raisonnant ainsi, on méconnaissait la vérité profonde de cette réflexion de Thiers, parfaitement applicable aux peuples d'outre-mer : « Les peuples d'aujourd'hui aimeraient mieux gâter leurs propres affaires de leurs propres mains que de laisser bien faire à d'autres. J'ajoutais qu'ils avaient raison parce que c'est le seul moyen d'apprendre à les faire ».

Ce parallèle entre les méthodes française et anglaise de décolonisation permet de situer le contexte général dans lequel les premières institutions camerounaises en général et la justice en particulier ont été mises en place. Mais, qu'en est-il de l'institution judiciaire dans l'histoire politique française ?

Section II. L'institution judiciaire dans l'histoire politique française[103]

À la différence des justices anglaise et américaine fortes, l'une d'une longue tradition d'aristocratie élitiste, l'autre d'un adoubement dû à l'élection populaire ou à des choix présidentiels contrôlés par le pouvoir législatif, la justice française a subi, depuis la Révolution, le poids d'une lourde main administrative. Elle n'a jamais réellement été classée au rang des institutions exerçant un pouvoir. Le recrutement, la formation, la rémunération, la carrière et la mise à la retraite des magistrats sont assurés par la voie administrative. Un cinquième d'entre eux, de surcroît, appartient au parquet et soumis de ce fait, à l'autorité

[103] Lire à ce sujet Alain Girardet : *La réalité de l'indépendance judiciaire disponible sur le site* : 10-05-2007_girardet.pdf (SECURED) Adobe Reader.

hiérarchique du garde des Sceaux, membre du gouvernement.

Dans toutes les mémoires, demeure encore la fameuse phrase, tant de fois citée, du général de Gaulle, qui a énoncé lors de sa conférence de presse donnée à l'Élysée le 31 janvier 1964, sa philosophie de l'organisation des pouvoirs publics : *« Il doit être évidemment entendu que l'autorité indivisible de l'État est confiée tout entière au président par le peuple qui l'a élu, qu'il n'en existe aucune autre, ni ministérielle, ni civile, ni militaire, ni judiciaire qui ne soit conférée et maintenue par lui »*[104].

L'une des préoccupations majeures des révolutionnaires de 1789 fut de préserver le pouvoir législatif et le pouvoir exécutif de toute immixtion du juge. Pour atteindre cet objectif, ils pensèrent que si les lois étaient simples, limpides et intelligibles par tous, les juges n'auraient pas à les interpréter, mais seulement à les appliquer. Cette conception est résumée par une formule imagée, mais sortie de son contexte : « *Le juge est la bouche de la loi* » ; il ne peut en modifier ou compléter les termes.

Au sortir de la Révolution, Napoléon créa des « fonctionnaires juges ». La Justice est conçue comme une administration de l'État, entourée d'un certain prestige, mais une administration comme une autre, au service de l'État. « *Une Justice nommée, formant un corps judiciaire, à l'imitation d'un Corps d'Officiers, avec à la base des officiers subalternes – ceux des tribunaux –, puis des officiers supérieurs – ceux des cours d'appel – et au*

[104]Conférence de presse du 31 janvier 1964 – Fresques interactives – Ina, disponible sur le site : https://fresques.ina.fr/...gaulle/.../Gaulle00382/conférence-de-presse-du-31-janvier-1964.

sommet des officiers généraux, les magistrats de la Cour de cassation »[105].

Les régimes monarchiques et républicains qui se sont succédé tout au long du XIXe siècle ont apporté des aménagements, mais n'ont pas modifié cette matrice : *des juges-fonctionnaires, hiérarchisés, appelés à faire carrière et soumis au pouvoir politique*. Soumission qui s'est illustrée par la destitution de magistrats suspectés de ne pas partager la politique du gouvernement. Des épurations significatives – c'est-à-dire des révocations pour des motifs politiques – ont ainsi été pratiquées par la plupart de ces régimes, non seulement parmi les procureurs, mais aussi parmi les juges.

Section III. L'historique du conseil supérieur de la magistrature en France[106]

Le conseil supérieur de la magistrature apparaît pour la première fois en France avec la loi du 30 août 1883 relative à l'organisation judiciaire. C'est la Cour de cassation siégeant en chambres réunies, en matière de discipline des magistrats, qui avait reçu cette dénomination.

À la Libération, la IVe République, dans le souci de conférer à la justice la place institutionnelle qui lui revenait, a créé le conseil supérieur de la magistrature, et lui a donné la stature d'un organe constitutionnel. Ainsi, le titre IX de la Constitution du 27 octobre 1946 place-t-il l'institution sous la présidence du président de la République et sous la vice-présidence du garde des Sceaux. Sa composition

---

[105]Jean Foyer, *L'épuration de la magistrature de la Révolution à la libération*, p. 158 AFHJ, Éditions Loysel 1994.

[106] Lire à ce sujet l'article intitulé : « L'historique du conseil supérieur de la magistrature en France », disponible sur le site : file:///C:/Users/user/Documents/Historique%20_%20Conseil%20Superieur%20de%20la%20Magistrature.htm

comprend quatorze membres, à savoir six personnalités élues par l'Assemblée nationale, quatre magistrats élus par leurs pairs et deux membres désignés par le président de la République[107]. Les pouvoirs du conseil étaient étendus, en ce qu'il proposait au président de la République la nomination des magistrats du siège et assurait tant leur indépendance que l'administration des tribunaux judiciaires, cette dernière attribution n'ayant toutefois jamais été exercée.

C'est à partir de 1952 que l'institution est installée au palais de l'Alma, qui abritait anciennement les écuries de l'empereur Napoléon III.

Toutefois, n'ayant pu trouver son point d'équilibre dans le concert institutionnel de l'époque, le conseil supérieur de la magistrature est devenu un organe contesté et affaibli, que la Ve République a réformé en profondeur.

Ainsi, tout en confirmant l'ancrage constitutionnel du conseil supérieur de la magistrature, sa présidence par le président de la République et sa vice-présidence par le garde des Sceaux, la Constitution du 4 octobre 1958 a modifié sa composition en la réduisant à neuf membres nommés par le chef de l'État, soit directement, s'agissant des deux personnalités qualifiées, soit sur proposition du bureau de la Cour de cassation ou de l'assemblée générale du Conseil d'État.

Ses attributions ont par ailleurs été limitées au pouvoir de proposition de nomination au président de la République des seuls conseillers à la Cour de cassation et des premiers présidents de cour d'appel, les autres magistrats étant nommés sur simple avis.

---

[107]La configuration actuelle du conseil supérieur de la magistrature dans notre pays est restée identique.

CHAPITRE V :

LES STIGMATES DU PASSÉ COLONIAL DANS L'ADMINISTRATION DE LA JUSTICE CAMEROUNAISE

À la veille de son indépendance, le Cameroun avait hérité des puissances coloniales un système judiciaire qui en toute logique était transitoire, en attendant que le pays se dote d'institutions plus adaptées à sa nouvelle vision.

« *Beaucoup de juristes français estiment qu'il n'y a pas véritablement de droit constitutionnel en Afrique francophone et que le droit en vigueur dans ces pays émanerait des dispositions de la Constitution française de 1958, voire de celle de 1946, transposées quasiment mot pour mot dans le droit des ex-colonies françaises d'Afrique lors de l'accession de celles-ci à l'indépendance. Ce n'est pas faux, car quand on regarde de près les premiers textes constitutionnels africains, on y retrouve les grands principes du droit politique français...* »[108].

L'observation révèle que sur le plan judiciaire, après plus de cinquante ans d'indépendance, l'évolution attendue, même si elle a été amorcée dans certains domaines, demeure très peu perceptible. Dans l'ensemble, les divers maillons de la chaine judiciaire continuent à être régis par des instruments légaux portant les stigmates du passé colonial.

---

[108] Interview d'Alioune Badara Fall à Rfi Afrique le 18 avril 2018, disponible sur le site : http://www.rfi.fr/afrique/20181004-afrique-constitution-francaise-pas-ete-le-modele-on-croit.

En effet, l'exploration de la magistrature française, transposée au Cameroun à la veille de l'indépendance, révèle qu'elle comportait les caractéristiques suivantes :

- elle était fortement dépendante du pouvoir exécutif qui entendait seul être maître de tout le jeu politique, ainsi que l'affirmait le général de Gaulle lors de sa conférence de presse du 31 janvier 1964, au sujet de sa philosophie de l'organisation des pouvoirs publics ;
- depuis, la Constitution française du 27 octobre 1946 le conseil supérieur de la magistrature est placé sous la présidence du président de la République et sous la vice-présidence du garde des Sceaux. Sa composition comprend des membres désignés par le parlement, le corps judiciaire et le président de la République ;
- c'est par la voie administrative que sont assurés le recrutement, la formation, la rémunération, la carrière et la mise à la retraite des magistrats. Un cinquième d'entre eux, de surcroît, appartient au parquet et soumis de ce fait, à l'autorité hiérarchique du garde des Sceaux, membre du gouvernement.

En dépit du fait que le Cameroun a acquis son indépendance depuis plus de cinquante ans, ces trois traits caractéristiques demeurent vivaces dans l'administration de la justice à travers les trois principaux textes que sont la Constitution (section I) le décret n° 95/048 du 8 mars 1995 portant statut de la magistrature (section II) et la **loi** n° 82-014 du 26 novembre 1982 fixant l'organisation et le fonctionnement du conseil supérieur de la magistrature (section III).

Section I. La Constitution de la République du Cameroun

L'article 37 de la Constitution de la République du Cameroun fait du président de la République le premier responsable du fonctionnement de l'appareil judiciaire. C'est ainsi qu'il est garant de l'indépendance du pouvoir judiciaire et nomme les magistrats, mission dans laquelle il est assisté par le conseil supérieur de la magistrature, qui lui donne son avis sur les propositions de nomination et sur les sanctions disciplinaires concernant les magistrats du siège.

Ces attributions exorbitantes confiées au président de la République font de l'institution judiciaire une administration comme une autre c'est-à-dire soumise à l'autorité hiérarchique du chef de l'exécutif, lequel domine toutes les autorités étatiques telles que conçues par le général de Gaulle.

Section II. Le décret n° 95/048 du 8 mars 1995 portant statut de la magistrature

Il résulte de la lecture des articles 6, 11, 12,29 et 49 de ce texte qu'au même titre que la magistrature française des années 1946, c'est par la voie administrative que sont assurés le recrutement, la formation, la rémunération, la carrière, la discipline et la mise à la retraite des magistrats, ainsi que l'affirme de manière péremptoire, l'article 6 : « *Les nominations, mutations promotions, détachements, admission à un congé de maladie de longue durée, à la disposition ou à la retraite des magistrats sont décidés par décret* ».

Dans sa mission régalienne, l'action du président de la République s'adosse sur celle de deux institutions, à savoir le conseil supérieur de la magistrature et le ministre de la

Justice, en sa double qualité de membre du gouvernement et du vice-président du conseil supérieur de la magistrature.

Section III. Là loi n° 82-014 du 26 novembre 1982 fixant l'organisation et le fonctionnement du conseil supérieur de la magistrature.

Aux termes des articles 1 à 10 de ce texte, le président de la République est la clé de voûte du conseil supérieur de la magistrature. En raison de ses prérogatives constitutionnelles, il est le président et le garant de l'indépendance de la magistrature. La vice-présidence du conseil supérieur de la magistrature est assurée par le garde des Sceaux, qui est un membre du gouvernement nommé par lui, et la majeure partie des membres sont également nommés par lui. Les membres non-magistrats prêtent devant le président de la République, lors de leur installation et avant tout acte de leur fonction le serment prescrit pour les magistrats dans le statut de la magistrature.

Non seulement les réunions du conseil supérieur de la magistrature sont convoquées par le président de la République, mais aussi, elles se tiennent sous sa présidence au palais présidentiel.

Une simple lecture de ces textes permet de mettre en évidence la similarité de leur contenu avec celui des textes régissant le conseil supérieur de la magistrature en France dans les années 1946. Dans les deux cas de figure, il est présidé par le président de la République ayant pour vice-président le garde des Sceaux, sa composition est identique, le mode de désignation des autres membres est le même et tous ont les mêmes attributions.

De la synthèse de ces trois textes, il s'ensuit qu'au niveau des principaux textes d'organisation, la magistrature camerounaise n'a connu aucune évolution notable depuis sa naissance juste à la veille de l'indépendance.

Par contre, on peut noter qu'avec la suppression en 1995 de l'inamovibilité naguère reconnue au magistrat du siège, elle a connu une régression par rapport à la garantie de l'indépendance reconnue au juge.

DEUXIÈME PARTIE :

L'IMPÉRIEUSE NÉCESSITÉ DE LA RUPTURE D'AVEC LA COLONIALITÉ DE LA JUSTICE

Notre justice a la particularité de fonctionner dans un monde moderne avec des instruments juridiques surannés, ce qui place le juge dans une posture fort embarrassante. D'une part, en conformité avec l'article 5 du statut de la magistrature, il doit se soumettre à la loi et d'autre part, il ne saurait rester indifférent face au courant mondial de la modernisation constante de la justice.

Sur la scène internationale par exemple, le respect du droit au procès équitable est le label qui permet de jauger le degré de modernité de la justice dans un système donné. Ce principe émergent de procédure s'énonce ainsi :

« Toute personne a droit à ce que sa cause soit entendue équitablement, publiquement et dans un délai raisonnable par un tribunal indépendant et impartial, établi par la loi, qui décidera soit des obligations de caractère civil, soit du bien-fondé de toute accusation en matière pénale dirigée contre elle »[109].

Comme énoncé, le concept du droit à un procès équitable est perçu comme un principe général de droit et assimilé à

---

[109] Le droit au procès équitable a été consacré par l'article 6 § 1 de la Convention européenne des droits de l'homme, adoptée le 4 novembre 1950 dans le cadre du conseil de l'Europe.

un élément de l'ordre public international, impératif et reconnu par les nations civilisées.

Ce concept qui est en constante évolution est inhérent à la progression des droits de l'homme en général. C'est un principe partagé entre les différents systèmes juridiques dans le monde. Il constitue le socle de l'esprit de justice. Son application rigoureuse est synonyme du développement d'un ordre juridique.

Sur le plan interne, diverses situations juridiques demeurent régies par les textes hérités de la période coloniale, alors même qu'elles ont connu d'importantes évolutions dans le monde, y compris dans l'ancienne puissance coloniale. L'un des exemples les plus frappants de cette incongruité demeure le divorce qui, dans le Code civil napoléonien encore en vigueur, était conçu comme « divorce sanction », c'est-à-dire fondé sur la faute commise par l'un des conjoints. Alors que partout ailleurs le divorce par consentement mutuel est devenu la règle, il faut voir le désarroi dans lequel se trouvent des conjoints qui se sont volontairement mis ensemble et qui ne peuvent plus volontairement mettre un terme à leur union, sans fatalement prouver devant le juge la faute reprochée à l'autre conjoint. De même, les couples éprouvant la nécessité de changer la forme de leur mariage (monogamie ou polygamie) se trouvent souvent obligés de simuler un divorce « sanction » afin de se remarier sous la nouvelle forme souhaitée, alors qu'un simple arrimage à l'évolution éviterait de tels désagréments.

Le problème de la nationalité tombe dans le même giron en ce que la législation interne ne reconnaît pas la double nationalité, alors même que bon nombre des dirigeants du pays auraient la double nationalité. À partir de ces quelques exemples, il se dégage que la modernisation du dispositif légal hérité de la période coloniale est plus qu'impérieuse.

« Quelle que soit la manière dont on envisage le problème du juge en Afrique, on ne peut éviter de partir d'un constat malheureusement bien amer : le juge africain, et par là même la justice en Afrique, est "en panne". Ce constat n'est pas nouveau et a déjà été établi par de nombreux observateurs qui ont cherché, (...) à découvrir les causes et à tenter de trouver des remèdes à ce phénomène fort complexe... L'affirmation et l'établissement effectifs de l'État de droit dans les pays africains apparaissent aujourd'hui comme des impératifs de plus en plus incontournables, alors que paradoxalement, le constat d'un juge et d'une justice qui ne "fonctionnent" pas constitue un phénomène qui persiste et qui ne semble pas trouver une issue proche »[110].

La mise sur pied d'un système judiciaire dépouillé des stigmates du passé colonial, en phase avec l'environnement juridique international et promotrice de l'État de droit, s'impose avec acuité. Bon gré mal gré, des actions timides ont été engagées dans ce sens (chapitre I), en attendant l'avènement d'une véritable réforme (chapitre II).

[110]Alioune Badara Fall, *Le juge, le justiciable et les pouvoirs publics : pour une appréciation concrète de la place du juge dans les systèmes politiques en Afrique*, juin 2003, in *Revue d'étude et de recherche sur le droit et l'administration dans les pays d'Afrique*, Université Montesquieu – Bordeaux IV.

CHAPITRE I :

LES AVANCÉES SUR LA VOIE DE LA RUPTURE D'AVEC LA COLONIALITÉ DE LA JUSTICE CAMEROUNAISE

Depuis l'accession du Cameroun à l'indépendance politique, l'institution judiciaire a connu bon gré mal gré deux révolutions qui, à l'analyse, présentent un sentiment d'inachevé. La première est cristallisée par l'érection de l'institution judiciaire en pouvoir (section I) et la deuxième par la présidence de l'audience solennelle de la rentrée judiciaire par le premier président de la Cour suprême (section II).

Section I. L'érection de l'institution judiciaire en pouvoir

À l'instar de la totalité des pays d'Afrique d'expression française, la première Constitution du Cameroun a fait de l'institution judiciaire une autorité, ne consacrant de ce fait que les pouvoirs exécutif et législatif.

Dès l'accession des anciennes colonies à la souveraineté internationale, les premières Constitutions africaines établies par les nouveaux gouvernants ont très rapidement affirmé l'indépendance de la Justice et le respect de la séparation des pouvoirs. Cela paraissait logique, et découlait naturellement des institutions qu'elles avaient héritées des colonisateurs.

« Il n'existe presque pas de Constitution dans les pays africains d'aujourd'hui qui n'ait consacré un appareil judiciaire – qu'il soit dénommé pouvoir ou autorité

judiciaire ; ... C'est la consécration de la théorie de la séparation des pouvoirs de Montesquieu que l'ancienne métropole leur a léguée et dans laquelle le pouvoir judiciaire, même considéré parfois, à tort ou à raison, comme moins important que les autres pouvoirs (...), ne s'en trouvait pas moins reconnu comme nécessaire à tout système démocratique »[111].

S'agissant du cas spécifique du Cameroun, la Constitution du 4 mars 1960 consacre son titre V à l'autorité judiciaire. L'article 41 dispose que le président de la République est garant de l'indépendance de l'autorité judiciaire. Bien plus, l'autorité judiciaire est assujettie, tant en ce qui concerne son organisation que le statut de son personnel, à un acte de l'exécutif. Cette configuration va perdurer, et même dans le contexte des mutations qui surviendront à travers le processus de réunification du Cameroun francophone d'avec le Cameroun anglophone.

C'est avec la Constitution de 1996 que l'institution judiciaire a symboliquement connu sa première mue, en troquant son vieux manteau d'« autorité » d'avec celui de « pouvoir ».

La présentation de cette mue (I) laisse transparaitre une volonté affirmée du constituant d'accorder à l'institution judiciaire une véritable indépendance (II) qui masque mal les limites de cette volonté politique (III).

I. Le contenu de la révolution opérée par le constituant de 1996

Cette révolution est consacrée par les articles 37 à 41 de la Constitution de 1996, qui disposent :

*« **(1)** La justice est rendue sur le territoire de la République au nom du peuple camerounais.*

[111] *Ibid.*

(2) Le pouvoir judiciaire est exercé par la Cour suprême, les cours d'appel, les tribunaux. Il est indépendant du pouvoir exécutif et du pouvoir législatif. Les magistrats du siège ne relèvent dans leurs fonctions juridictionnelles que de la loi et de leur conscience.

(3) Le président de la République est garant de l'indépendance du pouvoir judiciaire. Il nomme les magistrats. Il est assisté dans cette mission par le conseil supérieur de la magistrature qui lui donne son avis sur les propositions de nomination et sur les sanctions disciplinaires concernant les magistrats du siège.

L'organisation et le fonctionnement du conseil supérieur de la magistrature sont déterminés par la loi.

Art. 38.- (1) La Cour suprême est la plus haute juridiction en matière judiciaire, administrative etde jugement des comptes.

(2) Elle comprend :

Une chambre judiciaire ;

Une chambre administrative ;

Une chambre de compte ;

***Art. 39.-** La chambre judiciaire statue souverainement sur :*

Les recours en cassation admis par la loi contre les décisions rendues en dernier ressort par les cours et les tribunaux de l'ordre judiciaire ;

- *les décisions des juridictions inférieures de l'ordre judiciaire devenues définitives dans les cas où l'application du droit est en cause ;*
- *toute matière qui lui est expressément attribuée par la loi.*

***Art. 40.**-La chambre administrative connaît de l'ensemble du contentieux administratif de l'État et des autres collectivités publiques. Elle connaît en appel du contentieux des élections régionales et municipales. Elle statue souverainement sur les décisions rendues en dernier ressort par les juridictions inférieures en matière de contentieux administratif. Elle connaît de tout autre litige qui lui est expressément attribué par la loi.*

***Art. 41**.- **(1)** L'organisation, le fonctionnement, la composition, les attributions de la Cour suprême et des chambres qui la composent, ainsi que les conditions de saisines et la procédure suivie devant elles sont fixées par la loi.*

***(2)** L'organisation, le fonctionnement, la composition, les attributions des cours d'appel, des tribunaux de l'ordre judiciaire, les tribunaux administratifs et des juridictions inférieures des comptes ainsi que les conditions de saisines et la procédure suivie devant eux sont fixés par la loi. »*

À titre de comparaison, il est nécessaire de noter que l'article 31 de la constitution de 1972 modifiée traitant de l'autorité judiciaire disposait :

« La justice est rendue sur le territoire de la République au nom du peuple camerounais ;

Le président de la République est garant de l'indépendance de l'autorité judiciaire et nomme les magistrats.

Il est assisté dans cette mission par le conseil supérieur de la magistrature qui lui donne son avis sur les propositions de nominations des magistrats du siège et sur les sanctions disciplinaires les concernant ; son fonctionnement et son organisation sont déterminés par la loi ».

L'analyse combinée des textes extraits des deux constitutions suscite quatre observations à savoir :

- dans la Constitution modifiée de 1972, un seul article était consacré à l'autorité judiciaire, tandis que dans celle de 1996, cinq articles sont consacrés au pouvoir judiciaire ;
- le constituant de 1996 a incontestablement opéré une révolution en érigeant l'autorité judiciaire en pouvoir judiciaire ;
- l'indépendance du pouvoir judiciaire par rapport aux pouvoirs exécutif et législatif est solennellement affirmée dans la Constitution de 1996 ;
- qu'il s'agisse de l'autorité ou du pouvoir judiciaire, l'indépendance de l'institution judiciaire demeure garantie par le président de la République, chef du pouvoir exécutif.

C'est sans doute dans l'esprit de cette dernière observation que l'allégeance du « pouvoir » judiciaire au chef de l'exécutif a été consacrée par l'article 34 de la loi n° 2006/16 du 27 décembre 2006 fixant l'organisation et le fonctionnement de la Cour suprême, qui impose une obligation de compte rendu annuel des chefs de la haute juridiction au président de la République :

« *Chaque année, le premier président et le procureur général adressent au président de la République, un rapport conjoint sur le fonctionnement de la juridiction et, le cas échéant, sur les difficultés rencontrées dans l'application des textes. Ils peuvent y faire toutes suggestions utiles* ».

Quoi qu'il en soit, l'intention des pouvoirs publics d'ériger la justice en pouvoir au même titre que l'exécutif et le législatif est indéniable.

II. L'intention affirmée du constituant de 1996 : l'indépendance proclamée du pouvoir judiciaire par rapport aux pouvoirs exécutif et législatif

La Constitution de 1996, en consacrant son titre V au pouvoir judiciaire, a incontestablement voulu faire de la justice un pouvoir au même titre que l'exécutif et le législatif. Cette volonté a été réitérée avec emphase par l'alinéa (2) de l'article 37, aux termes duquel : *« Le pouvoir judiciaire est exercé par la Cour suprême, les cours d'appel, les tribunaux. Il est indépendant du pouvoir exécutif et du pouvoir législatif ».* L'article 37 (6) de la Constitution du 18 janvier 1996 attribue le pouvoir judiciaire aux seules juridictions classiques en l'occurrence « la Cour suprême, les cours d'appel et les tribunaux ». Compte tenu de sa place au sommet de la hiérarchie de l'ordre judiciaire, il est permis d'affirmer que la Cour suprême du Cameroun incarne désormais le pouvoir judiciaire.

La Cour suprême ainsi érigée au sommet du pouvoir judiciaire participe, de par son action transversale comme les autres pouvoirs constitués, à la régulation de la vie sociale. Elle est garante de la bonne gouvernance économique et surtout de la promotion et la protection des droits de l'homme. En raison de ses attributions consultatives et contentieuses, elle concourt au fonctionnement harmonieux des institutions de la République.

Les magistrats du siège, dans l'exercice leurs fonctions juridictionnelles ne relèvent que de la loi et de leur conscience. Concrètement, cela signifie que toute immixtion d'un autre pouvoir dans l'administration de la justice est proscrite. L'indépendance et l'autonomie fonctionnelles du pouvoir judiciaire seront consacrées par des mesures progressives notamment le décret n° 97/15 du

22 janvier 1997 accordant les avantages aux présidents de la Cour suprême et au procureur général près ladite cour, sans oublier l'autonomie budgétaire de la haute juridiction.

Mais, pour aussi séduisante que puisse paraître cette révolution en douce, le fonctionnement des institutions républicaines laisse apparaître que le pouvoir judiciaire n'a pas été doté de tous les leviers susceptibles de lui permettre de s'assumer comme un véritable pouvoir.

III. Les insuffisances du pouvoir judiciaire

Bien que la justice ait été élevée au rang d'un pouvoir constitutionnel à côté du législatif et de l'exécutif, il se dégage de l'observation que la justice a hérité d'un pouvoir sibyllin (I) placé sous la « tutelle » du chef de l'exécutif (II).

III.1. Le pouvoir judiciaire : un pouvoir sui generis

Le titre premier de la Constitution de 1996 qui traite de la souveraineté amène à interroger la consistance du pouvoir judiciaire par rapport aux pouvoirs exécutif et judiciaire. En effet, l'article 4 qui se trouve dans ce titre dispose péremptoirement : « *L'autorité de l'État est exercée par :*

- *le président de la République ;*
- *le parlement".*

La version anglaise du même article semble être plus incisive : « The State power *shall be exercised by the President of the Republic and the Parliament » ;*

De toute évidence, si la justice était considérée comme un véritable pouvoir, elle aurait été citée dans cet article.

Ce constat est renforcé par l'article 2 de la Constitution qui dispose :

« (1) La souveraineté nationale appartient au peuple qui l'exerce soit par l'intermédiaire du président de la

République et des membres du parlement, soit par voie de referendum. Aucune fraction du peuple ni aucun individu ne peut s'en attribuer l'exercice ;

(2) les autorités chargées de diriger l'État tiennent leur pouvoir du peuple par voie d'élections au suffrage universel direct ou indirect, sauf dispositions contraires de la présente constitution ».

(3) Le vote est égal et secret ; y participent tous les citoyens âgés d'au moins vingt ans ».

À l'alinéa premier, la justice n'a pas été citée parmi les institutions à travers lesquelles le peuple exerce sa souveraineté ; et l'alinéa 2 du même article démontre à suffisance que le pouvoir des magistrats ne provenant d'une quelconque élection (que ce soit au suffrage universel direct ou indirect), la justice ne saurait constituer un pouvoir au même titre que l'exécutif ou le législatif. Dans ces conditions, le pouvoir judiciaire institué par l'article 37 paraît singulier, mieux, un pouvoir sui generis.

En droit constitutionnel, on sait que tout pouvoir tire sa légitimité de l'élection. Si on parle à juste titre du pouvoir législatif, c'est par ce que les députés tirent leur légitimité de leur élection au suffrage universel direct. De même, c'est du suffrage universel direct que le président de la République tire sa légitimité.

La souveraineté du peuple n'abolit pas la liberté individuelle. Pour garantir à chacun un espace d'autonomie, "il faut que, par la disposition des choses, le pouvoir arrête le pouvoir." Ainsi Montesquieu, dans son imposant ouvrage de l'esprit des lois, affirme-t-il la nécessité de la séparation des pouvoirs.

La séparation des pouvoirs est un principe politique théorique érigé en principe de gouvernement. Il impose que les trois grandes fonctions de l'État (législative, judiciaire et exécutive), également appelées « pouvoirs », soient exercées par des organes différents.

Le constituant de 1996, tout en consacrant formellement le principe de la séparation des pouvoirs au Cameroun, l'a cependant vidé de sa substance en plaçant le « pouvoir » judiciaire sous la « tutelle » du chef de l'exécutif. Il n'est pas aisé de cerner les enjeux de cette option prise par les autorités politiques. S'agissait-il d'un effet de mode ou d'une réelle volonté de consolider l'état de droit dans notre système politique ? Quoi qu'il en soit, tout s'est passé comme si le contenant était plus important que le contenu.

En termes de bilan, on peut opportunément s'interroger sur l'impact du passage de « l'autorité » au « pouvoir » sur l'administration de la justice :

« L'indépendance, matière à constitution ? Posons la question simplement : y a-t-il une valeur ajoutée à la consécration constitutionnelle du principe d'indépendance ? La question peut surprendre, mais elle se pose, notamment au regard de la récurrence des violations du principe dans l'espace francophone. Une réflexion sur l'ancrage constitutionnel de l'indépendance oblige à réfléchir, en trame de fond, à la fonction protectrice des Constitutions : sont-elles des remparts suffisants aux dérives ou des instruments adaptés pour lutter contre les dysfonctionnements de la justice ? »[112]

Le 25 octobre 1999, dans le cadre des journées « portes ouvertes » organisées par la chancellerie, le Pr Maurice Kamto avait animé une conférence sur le thème : Les mutations de la justice à la lumière du développement constitutionnel de 1996. Selon le journaliste Guy Roger

---

[112]Fabrice Hourquebie : *L'indépendance de la justice dans les pays francophones*, Dossier : Document : CJ_2012_02. Date : 18/4/2012 10 h 1. Page 41/1 ; les cahiers de la justice 2012.

Eba'a qui a couvert l'évènement, « *l'universitaire trouve que la justice est plus un pouvoir sur papier que dans la réalité, son indépendance étant garantie par le chef d'un autre pouvoir : le pouvoir exécutif. Le Pr Kamto pose aussi le problème de la dépendance budgétaire de la justice par rapport à l'exécutif. Il démontre que si le législateur parle d'un pouvoir judiciaire, il a plutôt en tête, le contenu d'une autorité judiciaire comme dans la constitution précédente* »[113].

À titre de droit comparé, précisons que dans le système français duquel est issu le nôtre, la justice au plan constitutionnel est et demeure une autorité, pour la simple raison que, contrairement au président de la République qui jouit d'une légitimité directe issue du suffrage universel, le magistrat bénéficie d'une légitimité déléguée, en ce sens qu'il détient son pouvoir du président de la République, seul responsable devant le peuple souverain qui l'a élu.

III.2. Le « pouvoir » judiciaire placé sous la « tutelle » du chef de l'exécutif

Aux termes de l'article 37 alinéa (3) de la Constitution, « *le président de la République est garant de l' indépendance du pouvoir judiciaire. Il nomme les magistrats. Il est assisté dans cette mission par le conseil supérieur de la magistrature qui lui donne son avis sur les propositions de nomination et sur les sanctions disciplinaires concernant les magistrats du siège* ».

N'y a-t-il pas une flagrante contradiction entre l'indépendance proclamée du pouvoir judiciaire par rapport au pouvoir exécutif et le fait que le président de la République, chef du pouvoir exécutif, soit le garant de l'indépendance du pouvoir judiciaire ?

---

[113] Cité par Guy Roger Eba'a, *op.cit.*, p.156.

Dans une telle logique, comment comprendre que le constituant de 1996 ait érigé la justice en pouvoir, alors même que les magistrats continuent d'être nommés par le président de la République, garant de l'indépendance du pouvoir judiciaire ?

Tout pouvoir indépendant s'affirme à travers ses attributs qui ont pour finalité d'assurer son autonomie multidimensionnelle.

Cette préoccupation était celle du premier président de la Cour suprême Alexis Dipanda Mouelle dans son discours tenu au cours de l'audience solennelle du 28 décembre 2001 : « *La justice camerounaise dans un contexte de mondialisation doit se donner les moyens d'un pouvoir.*

À cet effet, il faut... la repenser, non plus seulement comme institution qui, à ce seul titre, risque de demeurer figée et démunie dans sa grandeur et sa majesté, mais plutôt comme une entreprise vivante et dynamique, capable d'utiliser les règles et les techniques modernes d'organisation et de méthodes, pour se donner les moyens d'atteindre au mieux ses objectifs »[114].

Ainsi se trouve posé le problème de l'indépendance de la justice au Cameroun. En d'autres termes, la justice au Cameroun est-elle indépendante ?

D'emblée, il convient de préciser que l'indépendance de la justice est inhérente au respect du principe de la séparation des pouvoirs dans l'organisation de l'État et aux exigences de l'État de droit. Aux sources du problème se trouvent les rapports tumultueux entre les pouvoirs exécutif et judiciaire. L'histoire enseigne d'ailleurs que l'intrusion réciproque des deux pouvoirs – exécutif et judiciaire – dans

---

[114] Guy Roger Eba'a, *op.cit*, p. 141.

leur sphère d'influence respective est souvent stigmatisée. L'exécutif redoute le "gouvernement des juges", tandis que le judiciaire dénonce "l'interventionnisme de l'État". L'enjeu au cœur du problème est donc la nature des relations entre l'exécutif et le judiciaire.

Quels sont les critères à partir desquels on peut distinguer un système dans lequel l'indépendance de la justice est garantie ou pas ?

- Dans le système où l'indépendance de la justice est garantie, on instaure un véritable pouvoir judiciaire où le président de la Cour suprême est à la fois le chef de la juridiction la plus élevée et l'ordonnateur qui préside au fonctionnement de tout le corps judiciaire. Il dispose d'une grande autonomie et occupe un rang hiérarchique dans l'État, égal à celui du chef du gouvernement.
- Dans l'autre système estinstituée une juridiction suprême : la Cour suprême ou de cassation, dont la fonction consiste uniquement à juger en droit.

À côté subsiste un ministre de la Justice qui dispose de pouvoirs accrus dans l'organisation judiciaire et dans la nomination des magistrats. Un conseil de la magistrature décide de la carrière des juges et un Conseil constitutionnel veille au respect de la constitutionalité des lois. Cette formule est loin de donner satisfaction, car elle remet sans cesse en cause la ligne de démarcation entre le pouvoir politique et l'indépendance des juges.

La situation au Cameroun correspondant à ce deuxième cas de figure, il se dégage que la Justice ne dispose pas de tous les atouts pour s'assumer comme pouvoir.

En effet, sur le plan statutaire, tous les actes relatifs à la carrière des magistrats, du recrutement à la mise à la retraite, en passant par l'intégration et les nominations et promotions relèvent de la compétence du pouvoir exécutif.

Le président de la République est la clé de voûte du conseil supérieur de la magistrature, puisque non seulement il en est le président, mais aussi, en dehors des trois députés qui sont supposés être élus, les cinq autres membres sont pratiquement nommés par lui. En marge de ce fait, il faut également noter que le secrétaire du CSM, qui est concrètement la cheville ouvrière de l'édifice est également nommé par lui.

À titre de droit comparé, il y a lieu de préciser qu'il ne s'agit pas d'une situation propre au Cameroun, mais qu'elle se rencontre aussi bien dans nombre d'États africains que du monde :

« De tout temps, le pouvoir politique a cherché à s'attirer les grâces de la justice, ou à défaut, la contrôler. Le problème de l'indépendance de la justice est très souvent évoqué en Afrique, mais il n'est pas propre aux États africains. Il se pose ailleurs également, y compris dans les pays occidentaux où l'on constate quotidiennement que cette indépendance n'est jamais définitivement acquise »[115].

« Au demeurant, ainsi que le faisait remarquer récemment un haut magistrat lors d'un colloque international : « L'indépendance de la justice est toujours proclamée, mais reste soumise, dans beaucoup de pays, à l'omnipotence de la souveraineté de l'État »[116].

---

[115] Alioune Badara Fall, op.cit., juin 2003, in *Revue d'études et de recherches sur le droit et l'administration dans les pays,* Université Montesquieu – Bordeaux IV.

[116] Discours d'investiture de Marc Schmitz, président de l'UIHJ, pendant le 23e congrès international des huissiers de justice à Bangkok, le 4 mai 2018.

Pour le professeur Alioune Badara Fall, *« Il ne serait pas exagéré de penser que la nomination ou le recrutement de ces magistrats reste sous le contrôle des hommes politiques, qui voudraient s'assurer avant tout que les hommes installés à ces postes leur seraient acquis ou ne manifesteraient aucune hostilité à leur égard. À ce sujet, la transparence n'est pas de rigueur dans les juridictions africaines à propos de la notation, des nominations ou promotions des magistrats »*[117].

Section II. Les audiences solennelles de la rentrée judiciaire de la Cour suprême

En rupture d'avec une vieille tradition, les audiences solennelles de la rentrée judiciaire de la Cour suprême sont désormais présidées par le premier président de ladite cour, en lieu et place du président de la République.

La vie de la Cour suprême est rythmée par la tenue d'audiences ordinaires au cours desquelles les affaires sont jugées et des audiences solennelles qui se tiennent à des occasions spéciales :

- prestation de serment des auditeurs de justice diplômés de l'ENAM ;
- prestation de serment de certains grands corps de l'État, à l'instar d'ELECAM, CONAC, etc. ;
- installation de nouveaux membres de la Cour suprême ;
- la rentrée judiciaire.

Au-delà des contenus respectifs, la différence entre l'audience ordinaire et l'audience solennelle est la solennité et le faste qui marquent cette dernière.

---

[117] Alioune Badara Fall, *ibid.*

L'audience solennelle est une cérémonie dont les codes et les usages sont établis de longue date. Elle marque des moments importants de l'activité judiciaire, telles la prestation de serment des jeunes magistrats, la rentrée solennelle de la Cour suprême, l'installation des membres de la Cour suprême nouvellement nommés, etc., et représente donc un moment symbolique chargé d'émotion.

Si de nos jours, toutes les audiences solennelles de la Cour suprême sont présidées par le premier président de ladite cour, il n'en a pas toujours été ainsi.

En fait, c'est seulement depuis l'année 2006 qu'il préside l'audience solennelle de la rentrée judiciaire, rompant ainsi avec une longue tradition qui confiait cette attribution au président de la République.

Cette révolution silencieuse a été consacrée par la loi n° 2006/016 du 29 décembre 2006 fixant l'organisation et le fonctionnement de la Cour suprême qui, en ses articles 32 et 33, dispose :

Art. 32 : *« Pendant la période du 1er juillet au 30 septembre, la Cour suprême se trouve en vacances judiciaires ; elle tient des audiences consacrées essentiellement à l'examen des procédures urgentes ; sont réputées urgentes, notamment les procédures de référé, de pension alimentaire et les demandes de mise en liberté » ;*

Art. 33 : *« Au début de chaque année judiciaire et au plus tard le 28 février, la Cour suprême tient, sous la présidence du premier président, une audience solennelle de rentrée à laquelle assistent également en robe, les chefs des Cours d'appel, des juridictions inférieures en matière de contentieux administratif et des juridictions inférieures des comptes » ;*

(2) le président de la République peut, sur sa demande, assister à cette cérémonie et, le cas échéant, y faire une communication ».

Ces deux articles, énoncés dans un style dépourvu de toute controverse, masquent de manière efficiente les mobiles réels de leur édiction. En fait, ils avaient pour but de ressusciter les audiences solennelles de rentrée de la Cour suprême tombées dans un profond coma depuis une vingtaine d'années.

Ils marquent une rupture d'avec une tradition ayant existé sans discontinuité entre les années 1958 et 1985. En effet, chaque année, l'audience solennelle de rentrée était présidée par le président de la République, qui ne manquait jamais d'y faire une communication ayant trait aux problèmes actuels de la justice.

Les audiences solennelles de la Cour suprême se sont tenues sans discontinuer de 1958 à 1985, soit pendant 27 ans. *« Elles faisaient la fierté du corps judiciaire. Deux éléments rehaussaient l'éclat des cérémonies : la présence du président de la République, et surtout sa prise de parole. Le 20 octobre 1975, à la rentrée solennelle de la Cour suprême, le président Ahidjo dit sacrifier à un usage. Il se rend au palais de justice au moins une fois par an pour présider la rentrée solennelle. On le voit également partout où l'on parle de justice... Les rentrées solennelles deviennent des moments attendus »*[118].

Et soudain, *« sans raison et au fil des ans, la grand-messe qu'était la rentrée solennelle s'efface et disparaît. Plus rien à la fin des vacances judiciaires... Où sont passées les rentrées solennelles de la Cour suprême ? s'interrogent en privé de nombreux magistrats ; certains proposent, si l'agenda du président de la République est*

---

[118] Guy Roger Eba'a, *op.cit.* p. 264.

très chargé, que ces cérémonies soient présidées par le premier président de la Cour suprême, (...) à la rigueur, par le Premier ministre ou le ministre de la Justice. En tout cas, le constat est là : pendant plus de vingt ans, la rentrée solennelle n'a plus lieu »[119].

En conclusion, on peut dire que l'institution judiciaire, à l'issue de cette longue hibernation, a opéré bon gré mal gré, une reforme salutaire en s'affranchissant de la tutelle du président de la République, relativement à la convocation et la présidence de l'audience solennelle de rentrée.

Mais, le champ des réformes n'est-il pas plus grand ? Les mêmes causes produisant les mêmes effets, il est permis de rêver qu'un jour, cette évolution s'étendra à la présidence des réunions du conseil supérieur de la magistrature.

---

[119] Guy Roger Eba'a, *op.cit.*, pp. 265 à 266.

CHAPITRE II :

POUR UNE VÉRITABLE RUPTURE D'AVEC LA COLONIALITÉ DE LA JUSTICE

L'administration camerounaise, et en particulier la justice, étouffe dans les habits postcoloniaux dont elle est revêtue depuis le lendemain de l'indépendance. Pour paraphraser le Pr Owona, elle est dans la nécessité de faire couleur locale et de rompre d'avec la colonialité substantielle de notre État. Le bulletin de santé de la justice (section I) nous donnera l'occasion de planter le décor de l'incontournable réforme judiciaire (section II).

Section I. Le bulletin de santé de la justice au Cameroun

Au sein de l'opinion publique et particulièrement dans les médias, la Justice camerounaise est perçue comme un grand malade souffrant de divers maux tels que la corruption, le favoritisme, l'affairisme, l'absence de probité morale, l'inféodation à l'exécutif à l'égard duquel elle est tantôt « aux ordres », tantôt « aux pas », etc.

Le ministre Amadou Ali, au cours d'un séminaire-atelier tenu les 22 et 23 décembre 2003 à Kribi, en vue de l'adoption d'un plan d'action pour la réforme du système judiciaire, faisait ce triste constat : « *Il n'est un secret pour personne que le fonctionnement de notre système judiciaire est considéré par beaucoup, à tort ou à raison, comme le condensé des problèmes de gouvernance qui se posent dans notre pays* ».

Face à ce tableau de moins en moins reluisant, la confiance du grand public vis-à-vis de l'institution judiciaire dans notre pays, comme ailleurs en Afrique, s'effrite au fil du temps : « *"Le citoyen moyen change de trottoir lorsqu'il lui arrive de passer devant le palais de justice". Cette boutade du ministre de la Justice du Burkina-Faso, prononcée lors de son discours d'audience solennelle de rentrée judiciaire en 1994, est éloquente, voire symptomatique. Elle traduit fort bien le malaise de la justice en Afrique et surtout le manque de confiance évident que manifeste le justiciable à l'égard de cette institution. Cette crise de confiance était inévitable au regard des solutions rendues par les juges dans des affaires où les populations attendaient, en vain, une attitude hardie et responsable des magistrats* »[120].

L'un des diagnostics sans complaisance de l'état de la justice camerounaise, a été fait dans un article intitulé : *« Cameroun – Justice : le magistrat camerounais dans le box des accusés »*[121] l'économie est présentée ci-dessous :

On peut lire ici les regrets du premier président de la Cour suprême qui s'interroge sur les maux qui minent un corps judiciaire qu'il considère comme noble par essence. Il faut que le pouvoir judiciaire assume son indépendance, son intégrité, son impartialité et sa compétence. Alexis Dipanda Mouelle, le premier président de la Cour suprême du Cameroun, a soutenu que le magistrat camerounais « *apparaît comme un professionnel en crise de comportement* ». Propos tenu devant ses pairs le 27 février 2014, à l'occasion de la rentrée solennelle de la haute juridiction. Et il avait ajouté : « *Les standards dudit comportement et les référents collectifs disparaissent,*

[120] Alioune Badara Fall, *op.cit.*

[121] Assongmonecdem, *Le Jour*, Yaoundé – 21 mars 2014 - 13 h 51 min, 7474.

laissant place nette, à plus de liberté dans différents domaines tels que ceux du ton, de la tenue, de l'allure, de la hiérarchie. Il est lointain le temps de l'image du magistrat discret, une ombre, par respect de l'éthique : c'est l'ère de l'affranchissement ». Des propos qui peuvent embarrasser plus d'un magistrat. Y a-t-il donc péril en la demeure ? On peut considérer qu'il s'agissait d'un rappel à l'ordre pour une profession qui de plus en plus perd sa dignité au bénéfice des complicités et des relations qui ne l'honore aucunement. En tout cas, ces propos sonnent comme un rappel à l'ordre, selon le journal à capitaux publics *Cameroon tribune*, qui titrait justement à sa Une « *Les magistrats rappelés à l'ordre* ».

Il faut dire à notre compte que le président de la Cour semblait préoccupé par l'éthique professionnelle du magistrat au Cameroun. Il voulait ainsi susciter la réflexion chez ses collègues magistrats afin de redonner à cette noble profession sa belle image en les invitant aux trois principes déontologiques universels qui doivent guider leur travail : indépendance, impartialité et intégrité. Des principes adoptés en 2002 aux Nations Unies par le Groupe judiciaire sur le renforcement de l'intégrité de la justice.

Alexis Dipanda Mouelle insistait surtout aussi sur la nécessité de la compétence à l'endroit de ses collègues. *« Bien que frais et moulu de l'École nationale d'administration et de magistrature, le jeune magistrat qui ne sait pas rédiger une décision judiciaire peut être poursuivi pour insuffisance professionnelle »,* a-t-il précisé. « Et pourtant, certains magistrats ne maîtrisent pas le nouveau code de procédure pénale, et même le Code pénal qui date de 1967 », s'insurge Me Bernard Keou, avocat au Barreau du Cameroun. « Beaucoup peinent à se mettre à jour, poursuit-il. Lors des audiences au tribunal, on se rend compte que la conduite des débats leur échappe. Cela se voit par les questions qu'ils posent ». Me Claude Assira

Engouté, avocat lui aussi, note que « beaucoup de magistrats pèchent par un manque d'humilité » ; « un ego surdimensionné », dit Me Keou.

L'interpellation, fort inquiétante, du premier président de la Cour suprême, conduit à penser que le corps de la magistrature a sa part de responsabilité dans la mauvaise image dont souffre l'institution judiciaire au Cameroun.

Pour sauver la vie de ce grand malade, une action urgente s'avère incontournable. Les différents maux dont elle souffre ont depuis longtemps été diagnostiqués, et des thérapies proposées.

I. Les diagnostics posés

En juillet 2001, les pouvoirs publics avaient commandé un audit technique du système judiciaire camerounais, réalisé par le Groupement des jardins du Charme Stein Monast/Relios & Co, basé à Bruxelles en Belgique. Le rapport de cet audit, publié en 2003, a posé un diagnostic sans complaisance : « *Délabrement du système judiciaire, corruption, mise à l'écart de la règle de droit, gestion peu satisfaisante des droits de l'homme, lenteurs judiciaires (causes liées à la procédure et responsabilité des acteurs de la justice), inexécution des décisions, délais longs (deux à trois ans) pour l'inscription des droits réels (en matière foncière), d'où l'insécurité des titres fonciers et le coût élevé de la consignation : 5 % du montant réclamé, communication insuffisante ou inexistante…* »[122].

Dans la rubrique intitulée « *Renforcement du système juridique* », l'audit recommande que le premier président de la Cour suprême devienne membre de droit du conseil supérieur de la magistrature et que le calendrier annuel de ses assises soit connu.

---

[122] Cité par Guy Roger Eba'a, *op.cit.*, p. 278.

En vue de l'adoption d'un plan d'action pour la réforme du système judiciaire, un séminaire-atelier s'est tenu les 22 et 23 décembre 2003 à Kribi sous la présidence du garde des Sceaux de l'époque Amadou Ali.

Pour des raisons non évidentes, ces multiples réformes tardent à être traduites dans les faits et comme conséquence, le grand malade glisse inexorablement vers le coma.

II. Les thérapies envisagées

Depuis quelques années, l'organisation des états généraux de la justice se trouve en bonne place dans l'agenda de la chancellerie, mais leurs convocation et tenue demeurent toujours attendues. Pour l'heure, il a déjà été procédé à la collecte des données au niveau des cours d'appel.

En attendant la réunion annuelle des chefs de cours d'appel et des délégués régionaux de l'administration pénitentiaire tenue à Yaoundé les 18 et 19 août 2016 sous la présidence du ministre d'État, ministre de la Justice garde des sceaux a donné un avant-goût de ce que pourraient être les états généraux de la Justice. Au cours de cette réunion, trois exposés étaient à l'ordre du jour, à savoir :

- les peines alternatives à l'emprisonnement ;
- quelles réflexions appellent de la part de l'administration pénitentiaire les peines alternatives ?
- l'encadrement des magistrats des trois dernières promotions, affectés dans les juridictions d'une part et l'entretien, la maintenance et la propreté des locaux des palais de justice, des espaces contigus et de l'environnement de travail d'autre part.

Si les deux premiers exposés avaient respectivement été faits par un seul orateur, le troisième avait la particularité d'être présenté par chacun des dix procureurs généraux des dix cours d'appel, en fonction des spécificités locales. Au cours de cet exercice, les procureurs généraux avaient sans complaisance dépeint l'état peu reluisant des palais de justice dans leur ressort respectif.

Le constat qui se dégage de la lecture des différents exposés c'est qu'en matière d'infrastructures et spécifiquement en matière de construction de palais de justice viables, le retard accumulé par notre pays est si grand qu'il faudrait tout un plan d'urgence spécial pour résorber le déficit. Selon les statistiques disponibles, le pays compte 84 palais de justice (soit 53,57 % en valeur relative) dont 45 (soit 46,43 % en valeur relative) sont la propriété du ministère de la Justice tandis que 39 sont des bâtiments d'emprunt. Aucune des dix cours d'appel (pas même celles de Yaoundé et de Douala qui abritent les juridictions phares) n'est épargnée par cette carence de palais de justice viable. La promiscuité est la chose la mieux partagée, et il est pathétique de constater « *qu'au siège de la cour d'appel du Centre, des vice-présidents accumulant pour certains plus de 30 ans de service partagent un même bureau* ».

En marge du déficit d'infrastructures et des dégâts collatéraux qui en découlent, il a été subtilement évoqué quelques difficultés relatives à la gestion des ressources humaines qui requièrent une amélioration. C'est ainsi qu'il a été relevé :

- l'inadéquation entre l'augmentation des effectifs et la capacité d'accueil des palais de justice ;
- le désœuvrement de certains magistrats consécutif à la non-prise en compte du volume insignifiant du travail dans certaines juridictions ;
- la difficulté liée à la langue de travail rencontrée par les magistrats francophones affectés en zone anglophone ;

- le grand déséquilibre observé entre les magistrats affectés dans les parquets par rapport à ceux du siège dans la plupart des juridictions ;
- la concentration de l'organisation des séminaires et stages au seul niveau de la chancellerie ;
- l'iniquité observée dans la sélection des magistrats appelés à participer aux différents séminaires et stages ;
- la nécessaire réforme du système d'affectation des magistrats qui proscrit l'affectation des magistrats de premier grade dans les juridictions de Yaoundé et de Douala ;
- la nécessaire institutionnalisation d'un juge chargé de l'application des peines pour l'implémentation des peines alternatives à l'emprisonnement (le travail d'intérêt général et la sanction-réparation)[123] ;
- le maintien prolongé de certains magistrats dans des juridictions où l'environnement est hostile et qui, par conséquent, ont le sentiment qu'ils sont « *des laissés-pour-compte, ou faits pour une seule région que tout le monde semble redouter aujourd'hui* ».

Ainsi, que ce soit au sein de la magistrature, de l'avocature, de l'intelligentsia ou des pouvoirs publics, il est acquis que la justice a besoin d'un profond toilettage en vue de la rendre plus opérationnelle. Dans cette dynamique, la société civile s'est imposée comme un partenaire incontournable, car « *il est largement acquis que la société civile ne peut plus être écartée des réformes concernant la justice. Dans les prisons camerounaises, il y a une longue tradition de collaboration avec celle-ci, qui intervient soit*

[123] Article 26 et 26-1 du Code pénal camerounais.

pour soutenir l'administration de la prison, soit pour en contrôler les dérives éventuelles »[124].

Dans l'ensemble, les réformes proposées visent l'amélioration des conditions de travail du personnel judiciaire en matière d'infrastructures, de rémunération et d'augmentation des effectifs. Dans cette perspective, l'amélioration des conditions de gestion de la carrière des magistrats est rarement évoquée. Sur un tout autre plan, la « crise anglophone » ambiante est venue rappeler à tous que les réformes envisagées doivent nécessairement tenir compte du caractère bilingue, biculturel et bi juridique de notre pays.

Section II. L'incontournable réforme judiciaire

Pour être crédible, toute réforme à envisager devrait être guidée par le souci de mettre en place une véritable justice camerounaise adaptée à notre histoire et à notre environnement sociologique. Comme l'affirme pertinemment Me Engueleguele, « le *processus d'autonomisation et donc d'institutionnalisation de la justice n'est pas achevé dans notre pays. Entre le droit colonial, les créations de l'État postcolonial, puis celles de l'État postindépendance, on est en présence de balbutiements, de bricolages, les débats récents révélant la faiblesse institutionnelle de l'appareil judiciaire* »[125].

124 Voir exposé de Madame Haman Élise, inspecteur général de l'administration pénitentiaire, au cours la réunion annuelle des chefs de cours d'appel et des délégués régionaux de l'administration pénitentiaire, déjà évoqué (inédit).

125Voir l'entretien accordé au quotidien camerounais *Le Messager* par le conseil du Comité de libération des prisonniers politiques (CL2P), maître Stéphane Bobé Enguéléguélé, disponible sur le site http://enjodi.blog.lemonde.fr/files/2016/07/interviewMessager.pdf.

Soixante ans après l'indépendance politique, les lois héritées de la colonisation continuent à régir divers domaines de la vie sociale sans que nous nous demandions si elles sont encore en adéquation avec nos aspirations sociologiques ou pas. L'histoire de la justice française par exemple enseigne que ses différentes évolutions, ses rites, ses symboles sont fortement ancrés dans l'histoire de ce pays. À titre d'illustration :

- les robes des magistrats sont les habits des anciens rois de France ;
- le local abritant les services judiciaires est appelé palais de justice parce qu'à l'origine la justice était rendue par le roi dans son palais ;
- Si les expressions « chancellerie » et « garde des Sceaux » désignent le ministère de la Justice et le ministre qui lui est rattaché, leurs existences trouvent leur origine dans l'histoire ancienne de la France ;
- les vacances judiciaires trouvent leur origine dans le fait qu'en Occident, la justice à l'origine était rendue par des fermiers bénévoles qui suspendaient leurs activités judiciaires pendant une certaine période de l'année pour aller s'occuper des récoltes dans leurs fermes.

Nos institutions ne méritent-elles pas d'avoir aussi des repères dans notre propre passé ? Certes, il existe des valeurs universelles qui doivent guider l'administration de la justice, quel que soit l'endroit où l'on se trouve, à l'instar de l'indépendance du juge, de son impartialité, de son intégrité, du respect du droit au procès équitable, etc. Mais se cramponner à des legs coloniaux comme si nous étions dépourvus d'une histoire propre ne peut laisser indifférent tout citoyen épris d'un minimum de fierté nationale.

Que ce soit dans le programme des partis politiques[126], de l'intelligentsia ou de la société civile, ce sujet a fait l'objet d'une abondante littérature qu'il serait fastidieux d'évoquer dans le cadre de la présente réflexion.

Mais la justice étant avant tout l'une des trois composantes du pouvoir dans un état démocratique, la définition de son contenu, de ses orientations et de ses limites est avant tout un sujet éminemment politique. D'où la nécessité d'inscrire toute idée de réforme dans des options politiques préalablement définies (I) préalablement à la réécriture et/ou au toilettage du dispositif légal existant (II).

I. L'option politique

À titre préliminaire, il y a lieu de noter que depuis la nuit des temps et sous tous les cieux, la justice a toujours été un attribut essentiel du pouvoir des souverains. Les rois ont toujours délégué aux magistrats le soin de rendre la justice en leur nom. Dans cette perspective, la réforme judiciaire ne saurait se confondre avec l'idée d'une indépendance absolue du pouvoir judiciaire vis-à-vis du pouvoir exécutif. À notre avis, il est question de mettre sur pied des mécanismes constitutionnels susceptibles de tempérer l'hyper puissance de l'exécutif en privilégiant un fonctionnement harmonieux des institutions républicaines, et en ayant pour objectif primordial l'instauration et la promotion de l'État de droit.

Notons à titre de rappel que l'État de droit peut se définir comme un système institutionnel dans lequel la puissance publique est soumise au droit. Cette notion, d'origine allemande (*Rechtsstaat*), a été redéfinie au début du

[126]Voir à titre d'illustration la réforme judiciaire que propose Fabien Assigana, homme politique camerounais disponible sur le site : file:///C:/Cameroun%20%E2%80%93%20Justice%20%20%20La%20r%C3%A9forme%20judiciaire%20que%20propose%20Fabien%20Assigana,%20homme%20politique%20camerounais%20_%20CL2P.ht.

vingtième siècle par le juriste autrichien Hans Kelsen, comme un État dans lequel les normes juridiques sont hiérarchisées de telle sorte que sa puissance s'en trouve limitée. Dans ce modèle, chaque règle tire sa validité de sa conformité aux règles supérieures. Un tel système suppose par ailleurs l'égalité des sujets de droit devant les normes juridiques et l'existence de juridictions indépendantes[127].

La hiérarchie des normes est au cœur de l'État de droit, c'est-à-dire d'un État dans lequel chacun est soumis au droit, de l'individu à la puissance publique. Tout État de droit suppose une Constitution (qui peut être écrite ou coutumière). La Constitution répartit les pouvoirs et hiérarchise les normes. Cette hiérarchie permet de garantir l'effectivité des droits au sens où chaque autorité publique voit son action encadrée par des normes de rang supérieur et ne peut donc pas agir selon son bon vouloir. Cependant, ce principe de la hiérarchie des normes reste un principe théorique qui peut souffrir, en pratique, des exceptions et rencontrer des difficultés d'application concernant la détermination de la place hiérarchique de certaines normes.

Une définition plus exhaustive de cette notion d'État de droit nous est fournie par le dictionnaire du droit administratif [128]:

« L'État de droit marque un progrès par rapport à l'État de police dans lequel les normes juridiques régissent l'activité et les relations des individus, mais ne sont pas des contraintes pour les organes étatiques ; il n'y a alors pas

---

[127] Voir à cet effet l'article intitulé : « Qu'est-ce que l'État de droit », disponible sur le site file:///C:/Users/user/Documents/Qu'est-ce-que%20l'Etat%20de%20droit%20%20%C2%A0%20-%20Approfondissements%20D%C3%A9couverte%20des%20institutions%20-%20Rep%C3%A8res%20-%20vie-publique.fr.htm.

[128] Voir dictionnaire de droit administratif par Agathe Van Lang, Geneviève Gondouing, Véronique Inserguet Brisset, 7e édition. ISBN 978-2-247-15827-0).

de limites juridiques à l'action des gouvernants ni de protection des citoyens contre le pouvoir.

Dans un État de droit, les règles juridiques sont à la fois les moyens et les limites de l'action des gouvernants et doivent être hiérarchisées, connues ou du moins portées à la connaissance de tous (sécurité juridique) et leur violation doit pouvoir être sanctionnée par le juge. En France par exemple, le juge administratif a joué et joue encore un rôle important dans l'édification et le perfectionnement de l'État de droit en faisant respecter le principe de la légalité, grâce au recours pour excès de pouvoir. Mais il n'impose le respect du principe de légalité directement du moins qu'aux autorités administratives, n'étant en principe pas le censeur des lois ».

« L'État de droit repose sur toute une horlogerie constitutionnelle constituée de mécanismes de "poids et contrepoids" (checks and balances), de contrôle réciproque entre pouvoirs, destinés à éviter les abus résultant de la concentration, voire de la confusion des pouvoirs »[129].

L'État de droit ainsi défini est le corollaire de toute société qui se veut démocratique, au sens étymologique du terme. Dans la plupart des États africains en général et au Cameroun en particulier, la difficulté provient de ce que, tout en arborant ostensiblement le manteau de la République, on évite de mettre en place les mécanismes qui permettent un fonctionnement équilibré des institutions, faisant ainsi émerger une gouvernance hybride dans laquelle on retrouve des particules de la démocratie léguée par le colon, noyée dans une conception traditionnelle du pouvoir. En d'autres termes, on a affaire à une monarchie

[129]N. Luaba Lumu, « Renouveau constitutionnaliste, État de droit et communauté de droit en Afrique », *Revue africaine des droits de l'homme*, 1998, p. 122.

sous la peau d'une démocratie, une société féodale, dans la mesure où les rapports entre les élites et le peuple sont plus proches des seigneurs et des serfs que des citoyens de rang égal.

« Après les indépendances, le défi des nouveaux États africains était de construire des systèmes de gouvernement qui ambitionnaient de ressembler à ceux des colonisateurs (France, Angleterre) ou à ceux qui, aux yeux des colonisés, incarnaient la démocratie et l'État de droit comme les États-Unis. Aussi, le régime parlementaire et le régime présidentiel furent-ils les modèles de référence qu'il fallait importer et adapter aux réalités des sociétés politiques africaines. Après inventaire, force est de constater que l'ambition ne fut pas couronnée de succès. Cela est vérifiable tant pour le régime présidentiel dont l'appropriation fut difficile que pour le régime parlementaire décevant dans sa mise en œuvre dans l'ensemble »[130].

Pourtant, nous devons opérer un choix : nous arrimer aux normes d'une démocratie à l'Occidental ou inventer un modèle propre de société favorisant le bien-être et l'épanouissement de nos citoyens.

L'incontournable réforme judiciaire dans notre pays n'aura pas pour vocation de savoir si la justice doit être une autorité ou un pouvoir. Autrement dit, le plus important sera le contenu et non le contenant.

Fondamentalement, tant que les magistrats ne tiendront pas leur légitimité d'un suffrage universel direct ou indirect, il sera toujours inadéquat de parler d'un pouvoir judiciaire. En France par exemple, depuis la naissance de la Vème

---

[130]M. Ismaila Madior Fall, *La construction des régimes politiques en Afrique : insuccès et succès*, disponible sur le site : afrilex.U-bordeaux4.fr /Sites/afrilex/IMG.

République, en 1958 jusqu'à nos jours, la justice est à juste titre demeurée une autorité sans que cela n'entrave les multiples reformes visant à accorder à l'institution judiciaire les moyens nécessaires pour pleinement jouer le rôle qui est le sien dans un État démocratique.

À contrario, on peut valablement questionner l'impact du passage de « l'autorité » au « pouvoir » judiciaire sur la marche de l'institution judiciaire dans notre pays depuis 1996. Autrement dit, quelles améliorations notables a-t-on observées ? La véritable réforme sera plus un problème de contenu que de simple contenant.

Cela dit, limiter la réforme judiciaire dans notre pays à l'amélioration des conditions de travail du personnel revient à soigner les manifestations d'un mal sans se préoccuper de ses causes. La racine des maux dont souffre la justice de notre pays est à rechercher dans les choix politiques. Il est nécessaire pour l'ensemble du corps social de s'interroger en profondeur sur le rôle et la place de l'institution judiciaire au sein des institutions républicaines, de questionner la nature de la justice qu'il veut pour ses citoyens. Veut-il d'une justice juste, équitable, responsable, promotrice de sécurité et du développement, soucieuse de la promotion de l'État de droit, transparente, ou bien veut-il d'une justice « aux ordres », caporalisée, promotrice des injustices et des inégalités, de l'insécurité et du frein au développement ?

Le passé colonial du pays aidant, nous avons hérité de la France une magistrature conçue pour être inféodée au pouvoir exécutif. Soixante (60) ans après l'indépendance, ce legs colonial est demeuré comme intangible, alors qu'entretemps, il a connu des évolutions significatives chez nos « ancêtres les Gaulois », sous l'effet conjugué des évolutions démocratiques du système politique et du droit communautaire européen. C'est à se demander si notre indépendance était réelle ou bien s'il s'agissait d'une forme déguisée de continuation de la colonisation. On dirait que le haut-commissaire est encore et toujours là, veillant à ce que rien ne soit modifié sans son aval.

Quelle que soit la réalité des obstacles jonchant le chemin des réformes, il est incompréhensible qu'en 2019 nous en soyons encore à appliquer par exemple le Code civil napoléonien sous sa version promulguée au Sénégal par arrêté du 5 novembre 1830.

II. Le toilettage des articles du statut de la magistrature relatifs à l'avancement d'office et à la notification des notices annuelles

L'une des particularités de la magistrature camerounaise est que son statut contient des dispositions qui n'ont jamais été abrogées, mais qui, curieusement, ne sont plus appliquées, et ceci, dans l'indifférence totale.

Il s'agit des articles relatifs à l'avancement d'office (1) et la notification des notices annuelles (2).

II.1. L'avancement d'office

Il est prévu par l'article 43 du statut qui dispose :

« 1) Le magistrat inscrit au tableau d'avancement, qui n'a pas été promu avant l'expiration de l'année budgétaire est réinscrit de droit dans l'ordre alphabétique au tableau de l'année suivante.

2) Le magistrat inscrit au tableau d'avancement ne peut être radié que par mesure disciplinaire.

3) Le magistrat inscrit au tableau d'avancement bénéficie d'office à l'issue de la troisième année, d'une promotion de grade, s'il n'a pas fait l'objet d'une sanction depuis la première année de son inscription ».

De toute évidence, l'esprit et la lettre de ce texte visaient à éviter que des magistrats n'étant pas sous le coup d'une poursuite disciplinaire ne puissent se retrouver au tableau pour le même grade pendant plus de quatre ans. Mais Dieu seul sait combien nombreux sont ces collègues qui font plus d'une dizaine d'années au tableau pour le même grade sans que cela n'émeuve personne. Comment comprendre que les hautes instances disciplinaires aient pu laisser ce texte tomber en désuétude ? Et si sa présence n'était plus opportune, pourquoi ne pas le supprimer simplement du statut de la magistrature ? Ici comme ailleurs, l'implémentation de l'État de droit est interpellée.

Si l'alinéa 3 susvisé – si clair et si limpide qu'il ne saurait faire l'objet de la moindre interprétation – était appliqué, on ne devrait plus retrouver de magistrat entrain de rater le même grade pendant plus de trois ans, à moins bien entendu qu'entretemps il n'ait été sanctionné ou qu'il ne soit sous le coup de poursuites disciplinaires. Encore que, même dans cette dernière hypothèse, il eût été souhaitable qu'il fût informé des embûches disciplinaires susceptibles d'entraver sa promotion.

II.2. La notification des notices annuelles

Elle est prévue par l'article 37 du statut, qui dispose : *« Les notes, propositions et avis prévus aux articles 32 à 36 ci-dessus sont notifiés aux intéressés par l'autorité investie du pouvoir de notation, puis classés au dossier administratif de chaque magistrat concerné tenu au ministère de la Justice »*.

L'esprit de ce texte voulait encourager les chefs (les autorités investies du pouvoir de notation) appelés à noter leurs collègues à plus de transparence, d'objectivité et d'impartialité. Mais, combien sont-ils les chefs qui ont le courage de notifier à leurs collaborateurs leurs notices annuelles en application de ce texte ? Certains ne le font pas à cause des dysfonctionnements du système. Par exemple, pour qu'un chef de juridiction soit en mesure de notifier à ses collègues leurs bulletins de notes, il faut que lui-même les ait reçus de sa propre hiérarchie. Sinon, la faute ne saurait lui être imputable. D'autres par contre n'osent le faire par crainte de dévoiler à leurs collègues leurs attitudes hypocrites. Le système de notation n'étant nullement transparent, chacun en fait à sa guise.

En fait, la fiche de notation est constituée d'une vingtaine de rubriques permettant d'apprécier la valeur du magistrat sur le plan de l'éthique, de son rendement qualitatif et quantitatif, de ses rapports avec sa hiérarchie et ses collaborateurs ainsi que les perspectives de son évolution. Devant chacune de ces rubriques se trouvent des appréciations décroissantes qui vont d'« exceptionnel » à « médiocre », en passant par « très bon », « bon » et « moyen ». La mission du chef qui note son collaborateur consiste simplement à cocher devant chaque rubrique l'appréciation qu'il estime correspondre à son collaborateur.

Avant d'y revenir plus en profondeur, évoquons l'histoire de ce chef de juridiction qui passait le clair de son temps à agiter devant ses collègues le spectre d'une mauvaise notation et qui, à la dernière minute, s'enfermait dans son bureau et cochait aveuglement à la hâte devant la quasi-totalité des rubriques la mention « moyen » ou « médiocre ». En agissant ainsi, il semblait être dans son bon droit, puisqu'aucune disposition du statut ne lui faisait obligation de justifier, même a *posteriori*, pourquoi devant telle rubrique ou l'autre, il avait coché « médiocre » plutôt que « bon » ou « très bon ».

À titre de comparaison, le décret n° 2001/065 du 12 mars 2001 portant statut spécial du corps des fonctionnaires de la sûreté nationale a encadré la notation du personnel par des mesures visant à garantir un maximum de transparence et d'objectivité[131]. Le chef n'a pas la

---

[131]Article 67.- (1) Il est attribué, avant le 15 avril de chaque année, à tout fonctionnaire de la sûreté nationale en activité ou en détachement, une note chiffrée.
(2) Les éléments entrant en ligne de compte pour la détermination de cette note sont les suivants :

- Condition physique : coefficient 1 ;
- Tenue, présentation : coefficient 1 ;
- Connaissances générales : coefficient 1 ;
- Connaissances professionnelles : coefficient 1 ;
- Loyauté, dévouement : coefficient 2 ;

0 : Nul ;
1 à 5 : Mauvais ;
6 à 8 : Médiocre ;
9 à 12 : Insuffisant ;
13 : Passable ;
14 à 15 : Assez bon ;
16 à 17 : Bon ;
18 à 19 : Très bon ;
20 : Excellent.
(4) Les appréciations "Nul", "Mauvais", "Excellent" doivent être motivées et faire l'objet d'un rapport spécial.
(5) La note définitive est obtenue en faisant la moyenne des notes afférentes aux divers éléments indiqués aux alinéas 2 et 3 ci-dessus. Elle est assortie d'une appréciation générale exprimant la valeur professionnelle du fonctionnaire.
(6) Sur requête dûment motivée, le fonctionnaire peut obtenir la réformation de ses notes professionnelles par le chef de corps de la sûreté nationale.
ARTICLE 68.- (1) L'appréciation générale fait l'objet d'une fiche annuelle de notation sur les qualités professionnelles du fonctionnaire, son comportement, sa manière de servir ainsi que ses défauts.
(2) L'appréciation générale indique obligatoirement les aptitudes du fonctionnaire à exercer des fonctions de commandement et de responsabilités éventuellement supérieures à celles du moment.
(3) Tout défaut relevé à son encontre, toute mauvaise note à lui attribuée sont portés à sa connaissance par une lettre confidentielle indiquant la manière de s'améliorer.
Article 69.- Le pouvoir de notation appartient au chef du service utilisateur.

possibilité de noter ses collaborateurs de manière fantaisiste et obligation lui est faite de motiver les appréciations extrêmes : « *Les appréciations "Nul", "Mauvais", "Excellent" doivent être motivées et faire l'objet d'un rapport spécial* ». De même, la possibilité est accordée au fonctionnaire qui estime avoir été mal noté de contester la note à lui attribuée, en vue de sa reformation : « *Sur requête dûment motivée, le fonctionnaire peut obtenir la réformation de ses notes professionnelles par le chef de corps de la sûreté nationale* ». Enfin, tout défaut relevé à l'encontre d'un fonctionnaire, toute mauvaise note à lui attribuée sont portés à sa connaissance par une lettre confidentielle indiquant la manière de s'améliorer.

Pourquoi dans le corps de la magistrature, le même souci d'objectivité et de transparence n'a-t-il pas encore effleuré l'esprit du législateur ? Cette préoccupation ne participe-t-elle pas de l'implémentation de l'État de droit et de la modernisation de la gestion de la carrière du magistrat ? Autant le justiciable attend de lui qu'il rende justice, autant lui-même attend de sa hiérarchie un minimum de justice dans le traitement de ses droits. À défaut, il paraîtra toujours paradoxal d'attendre d'un personnage qui subit les affres de l'injustice de rendre justice à d'autres.

Cette situation n'est d'ailleurs pas une spécificité camerounaise, puisqu'*« à ce sujet, la transparence n'est pas de rigueur dans les juridictions africaines à propos de la notation, des nominations ou promotions des magistrats »*[132].

Au Sénégal par exemple, la doctrine n'a pas manqué de formuler des réserves sur les garanties accordées au juge. Le fonctionnement du conseil supérieur de la magistrature y est fort critiqué par les magistrats en matière de

---

[132]Alioune Badara Fall, *op.cit.*

nomination et de promotion, qui ne se ferait pas selon des critères objectifs. Mais c'est surtout la notation des magistrats qui fait l'objet de plus de suspicion parce qu'elle ne se faisait pas, semble-t-il, dans de meilleures conditions.

En France, des interrogations ont été également émises à ce sujet.

Le terme même de « notation », qui cache mal un caractère trop discrétionnaire et le risque d'un arbitraire de la part de l'autorité hiérarchique, a amené le législateur français à le remplacer par « l'évaluation de l'activité professionnelle de chaque magistrat ». C'est pour les mêmes raisons, toujours en France, qu'on a remanié ce système né en 1906 par un décret du 7 juin 1993, pour introduire une plus grande transparence.

Dans le contexte camerounais de démocratie, de justice sociale, de l'égalité de tous les citoyens devant la loi et de la volonté affirmée des pouvoirs publics d'instaurer l'État de droit dans tous les pans de la société, le maintien d'une telle pratique échappe à la raison.

Sur cet aspect comme sur beaucoup d'autres, la magistrature camerounaise fonctionne encore comme le faisait son homologue français au VIIIe siècle. En effet, à cette époque-là, pour reprendre les mots de Benoît Garnot, dans son ouvrage intitulé *Histoire des juges en France de l'ancien régime à nos jours*[133], la magistrature présentait les caractéristiques suivantes : « *... la compétence n'est pas le seul critère ; la licence en droit et les deux années de stage au barreau ne suffisent pas : il est indispensable « d'appartenir aux couches sociales supérieures et de disposer d'une fortune personnelle », afin de tenir son rang. Cette appartenance est sévèrement contrôlée, tout comme le sont les affiliations politiques : la pratique des*

[133]*Criminocorpus* [En ligne], 2015, mis en ligne le 7 décembre.

« recommandations » des hommes politiques fait dire... que la sélection du personnel judiciaire repose sur « le clientélisme et le favoritisme ».

Comment comprendre que notre magistrature en soit encore à l'usage de ces pratiques qui n'étaient plus en vigueur dans celle qui nous avait été léguée ?

En effet, l'histoire politique de la France enseigne que la magistrature transposée chez nous en 1959 était celle qui, en 1958, avait subi d'importantes réformes initiées par le garde des Sceaux Michel Debré. Ces réformes avaient entre autres pour objectif de restaurer le prestige de la magistrature. Un concours était instauré et les traitements étaient revalorisés. En la matière, « les juges étaient passés progressivement de l'acceptation héroïque à la dénonciation revendicative ». À partir de cette époque, les grands traits de la magistrature étaient le déclin confirmé des dynasties, la relative démocratisation du corps judiciaire, un certain rajeunissement et une féminisation dont l'interprétation est « ambivalente ».

Si depuis sa naissance la féminisation de la magistrature de notre pays est allée crescendo, il y a lieu de relever que « la relative démocratisation » du corps semble avoir plutôt régressé. En fait, il nous semble que le système de notation et d'avancement en cours n'est nullement compatible avec une quelconque démocratisation, mais que son application débouche sur une *« ... sélection du personnel judiciaire reposant sur le clientélisme et le favoritisme ».*

La perpétuation de ce système est-elle encore compatible avec l'instauration de l'État de droit auquel nous aspirons ?

III. Le toilettage des dispositions statutaires relatives à l'avancement du magistrat

L'avancement du magistrat est régi par les articles 42 du décret n° 95/048 du 8 mars 1995 portant statut de la magistrature et 19 de la loi n° 82-014 du 26 novembre 1982 fixant l'organisation et le fonctionnement du conseil supérieur de la magistrature, qui disposent respectivement :

– « *1) Le nombre de magistrats susceptibles d'être inscrits aux tableaux d'avancement, pour chaque grade, est fixé par arrêté du ministre de la Justice garde des sceaux dans la limite des crédits budgétaires et compte tenu des besoins prévisibles ;*

2) Les inscriptions aux tableaux d'avancement sont décidées par les organes prévus à l'article 30 du présent décret.

3) Elles sont réservées aux magistrats dont les candidatures ont obtenu au moins la majorité des voix.

4) La préférence va de droit à celles qui ont obtenu le plus grand nombre de voix jusqu'à concurrence du nombre de places fixé pour chaque grade ».

- « *1) L'inscription au tableau d'avancement des magistrats du siège est décidée par le conseil supérieur de la magistrature.*

2.) Elle est réservée aux magistrats dont les candidatures ont obtenu au moins la majorité des voix.

3) La préférence va de droit à celles qui ont obtenu le plus grand nombre de voix, jusqu'à concurrence du nombre de places fixé pour chaque grade ».

De la lecture combinée de ces deux textes, il résulte d'une part que le nombre des magistrats à promouvoir chaque année est fixé par les organes institués pour le parquet et pour le siège en fonction des limites budgétaires (III.1), et d'autre part, que la promotion elle-même s'obtient à l'issue d'un vote (III.2).

III.1. Le nombre de magistrats à promouvoir chaque année est fixé par les hautes instances en fonction des limites budgétaires

C'est ici l'un des usages de la magistrature camerounaise dont la justification n'est pas facile à percevoir dans l'environnement juridico-démocratique de notre pays. La perpétuation de cet usage se traduit par le fait qu'un magistrat remplissant les conditions d'ancienneté requises, bien noté par ses supérieurs hiérarchiques, n'est jamais certain d'obtenir sa promotion.

En fait, si le nombre prévu pour être promu est inférieur à celui des postulants comme c'est généralement le cas, un magistrat peut bien être noté, n'être pas sous le coup d'une sanction disciplinaire, ne pas avoir sa promotion et ignorer les améliorations à entreprendre afin de ne pas subir le même sort lors des échéances à venir. L'observation révèle que la compétence n'est pas l'unique critère pour être avancé ; qu'il y a d'autres critères qui entrent en ligne de compte.

Le problème ne date pas d'aujourd'hui. Déjà en 1976, le ministre de la Justice de l'époque, Joseph Charles Doumba, répondant à la question d'un journaliste relativement au malaise lié à l'avancement discriminatoire observé dans la magistrature, précisait : « *Ce n'est pas une question d'ancienneté dans le grade, encore moins d'âge : c'est une question de valeur professionnelle et humaine. Si l'on n'est pas inscrit sur l'un des tableaux, l'on peut attendre longtemps dans le même grade. La chancellerie ne peut rien. Je crois que c'est une bonne chose qu'il en soit ainsi. Notre magistrature doit comporter des éléments de valeur. Cet avancement est aussi une question de disponibilité budgétaire. Aux magistrats eux-mêmes de voir comment franchir ces barrières* »[134].

Ainsi donc, en marge de la compétence, l'avancement des magistrats obéit à divers critères qui sont tous occultes, et parmi lesquels figure en bonne place la prise en compte de la politique de l'équilibre régional. Originellement, ce principe s'appliquait aux conditions d'accès à la fonction publique et dans le cas d'espèce, il a déjà été appliqué lors du concours d'entrée à l'ENAM.

En effet, la politique de l'équilibre régional dans l'accès à la fonction publique au Cameroun part du décret présidentiel n° 75/496 du 3 juillet 1975 qui prévoyait que la répartition des places pour les concours de la fonction publique tienne compte de la « région d'origine » des parents. Il sera modifié et complété par le décret n° 82/407 du 7 septembre 1982.

Initiée par le président Ahmadou Ahidjo, la politique des quotas qui demeure en vigueur visait à assurer la représentativité des différentes composantes sociologiques du Cameroun dans la fonction publique.

Le président Ahidjo, recadrant son ministre de la Fonction publique Vroumsia Tchinaye, qui avait eu l'outrecuidance de dénoncer la politique de l'équilibre régional martelait : « *l'histoire montre en effet que les nations qui tolèrent des citoyens de seconde catégorie n'ont pas d'avenir. C'est pour cela que nous veillons à ce que toutes les régions du pays se développent de manière équilibrée et que la justice sociale soit respectée ; c'est ainsi que nous pourrons construire l'unité nationale sur des bases solides et inébranlables, parce que fondées sur une diffusion équitable du progrès.*

---

[134] Cité par Guy Roger Eba'a, *op.cit.*, p. 88.

Il faut le répéter cependant, le développement équilibré des régions ne signifie pas que celles qui sont en avance attendent les autres. Il signifie que l'État, qui est le régulateur des activités économiques et sociales de la nation, se doit d'encourager par des incitations appropriées les régions qui, pour des raisons historiques ou sociologiques, accusent du retard, à réduire progressivement l'écart qui les sépare de celles qui sont dans le peloton de tête du progrès national. Cette nécessité, les élites nationales, les responsables de notre grand parti national, de nos établissements de formation, doivent et se doivent d'en être conscients, car notre politique de développement équilibré ne doit pas être respectée seulement au niveau de la répartition des infrastructures ou des équipements publics. Elle doit l'être également au niveau de la formation des hommes »[135].

Dans son livre *Député de la nation*, le professeur Ebénézer Njoh Mouelle la justifie en ces termes : *« Que faire face à ce redoutable problème ? Dans un pays qui compte plus de deux cents tribus comme le Cameroun, il a semblé, dès le départ et sous le président Ahmadou Ahidjo, que le principe des quotas et la doctrine du développement régionalement équilibré étaient la voie à suivre. Elle a été suivie avec plus ou moins de rigueur.*

Elle a été critiquée par ceux qui considéraient et considèrent encore peut-être toujours qu'elle comportait en elle-même une certaine injustice, et induisait plutôt un nivellement par le bas au lieu d'une promotion des meilleurs. Ceux-là semblaient dire qu'il fallait laisser les plus avancés continuer de creuser leur avance et les plus attardés continuer de s'attarder... à l'arrière-train ! Je ne

[135] Cité par Guy Roger Eba'a, *op.cit.*, p. 94.

pense pas que c'eût été une politique garantissant la paix sociale et l'unité du pays »[136].

D'après l'article 60, alinéa 1 du décret n° 2000/696/PM du 13 septembre 2000, « un arrêté du Premier ministre fixe les quotas de places réservées lors des concours administratifs aux candidats de chaque province ». L'alinéa 2 de ce décret précise ce que l'on considère comme la province d'origine du candidat, à savoir « *la province d'origine de son père ou, le cas échéant, celle de sa mère* ».

Dans la pratique, les modalités de répartition des places, déterminées par le poids démographique des régions, sont fixées par un arrêté du ministre chargé de la Fonction publique.

Le dernier arrêté date de 1992 (voir tableau 1). Il modifiait l'arrêté n° 010467/MFP/DC du 4 octobre 1982 (voir tableau 2).

Tableau 1		
#	**Province**	%
1	Province du Centre	15 %
2	Province du Sud	4 %
3	Province de l'Adamaoua	5 %
4	Province de l'Extrême-Nord	18 %
5	Province du Nord	7 %
6	Province de l'Est	4 %
7	Province du Littoral	12 %
8	Province du Nord-Ouest	12 %
9	Province de l'Ouest	13 %
10	Province du sud-ouest	8 %
11	Anciens militaires	2 %

L'arrêté n° 010467/MFP/DC du 4 octobre 1982 en son article 2 disposait que compte tenu de l'importance

[136]Ébénézer Njoh Mouelle, *Député de la nation*, Presses de l'UCAC, Yaoundé, 2002, p. 157.

démographique et du taux de scolarisation de chaque province, les quotas de places réservées aux candidats originaires de chacune d'elles, ainsi qu'aux anciens militaires, sont arrêtés comme suit :

Tableau 2 (suite)		
#	**Province**	**%**
1	Province du Centre-Sud	19 %
2	Province de l'Est	4 %
3	Province du Littoral	12 %
4	Province de l'Ouest	12 %
5	Province du Nord	30 %
6	Province du Nord-ouest	13 %
7	Province du Sud-ouest	8 %
8	Anciens militaires	2 %

L'application du principe de l'équilibre régional et des quotas dans la promotion des magistrats produit des résultats kafkaïens. Pendant que certains, parce qu'originaires de tel endroit plutôt que de tel autre, ont la certitude de passer leur grade dès le premier essai, d'autres, pour les mêmes raisons, doivent trimer pendant des années (parfois plus de dix ans) avant d'espérer bénéficier de la grâce, parce qu'au sein de la justice, tout laisse penser qu'on ne mérite pas un grade, mais qu'on vous le donne !

Dans le corps, il se raconte l'histoire d'un collègue qui s'était vu obligé de revendiquer officiellement son appartenance à telle région plutôt qu'à telle autre parce qu'il avait, sans raison apparente, raté le grade à plusieurs reprises. À l'issue d'une introspection, il s'était rendu compte que ses échecs répétés provenaient du fait que la consonance de son nom l'avait fait classer dans une région qui n'était en réalité pas la sienne. Et comme pour lui donner raison, il obtint l'année d'après son grade, doublé d'une brillante promotion.

III.2. La promotion des magistrats au grade supérieur se fait par vote des membres prenant part aux différents conclaves

Ce qui semble avéré, c'est que l'instruction d'un dossier débute par la lecture des notices annuelles des quatre dernières années du candidat à la promotion. Après quoi, chacun des membres de l'instance disciplinaire est appelé à se prononcer par vote s'il pense que le concerné mérite ou non une promotion au grade supérieur ! Et, pour reprendre l'expression consacrée par l'alinéa 4 de l'article 42 du statut de la magistrature « ... *la préférence va de droit à celles (des candidatures) qui ont obtenu le plus grand nombre de voix jusqu'à concurrence du nombre de places fixé pour chaque grade* ».

Qu'est-ce qui peut bien motiver le vote d'un membre en faveur ou contre la promotion d'un candidat ? En tout état de cause, on se retrouve dans une situation kafkaïenne avec des résultats fort éloquents : certains ne ratent jamais et d'autres doivent échouer plusieurs fois avant d'espérer l'intervention de la grâce en leur faveur.

S'il est logique pour l'auteur d'une faute d'en subir les sanctions équivalentes, il est par contre pathétique, voire absurde pour celui à qui on ne reproche rien d'échouer le grade pour des raisons qu'il ignore et que personne n'est prêt à lui révéler. « ... *Joseph K., dans* Le procès, *de Franz Kafka, se réveille un matin et, pour une raison obscure, est arrêté et soumis aux rigueurs de la justice... Dans* Le Procès, *Kafka décrit un fonctionnement judiciaire absurde dans un système où la justice est néanmoins institutionnalisée, et obéit à une routine léguée par l'histoire et une spécialisation continue, au milieu d'un fonctionnement politique moderne* »[137].

Lorsqu'on s'intéresse au mécanisme de promotion du personnel dans de grands corps hiérarchisés de l'État comme l'armée ou la police, on se rend compte que tout agent qui remplit les conditions d'ancienneté et n'est pas sous le coup d'une sanction disciplinaire, ou mieux encore n'est pas sous le coup d'une poursuite disciplinaire, passe automatiquement son grade sans autre forme de procès. Dans l'armée comme dans la police, lorsqu'on rate son grade, on sait à peu près pourquoi, en raison de la transparence qui gouverne le processus qui débouche sur la promotion ou l'avancement.

« En réalité, dans l'armée camerounaise, il existe des critères objectifs d'avancements aux grades. L'âge du candidat, sa formation professionnelle, ses états de service et des faits d'armes. Des tableaux d'avancement sont minutieusement tenus à jour. Ils vont jusqu'au grade de colonel troisième échelon et puis plus rien. Il ne reste plus alors pour l'officier supérieur (...) qu'à espérer être promu général de brigade. C'est dans ce "choix " discrétionnaire que se glissent les critères subjectifs. La planification ou une orientation de la politique de défense peut décider par exemple que pour une telle ou une telle autre mission une brigade doit être engagée et que pour la commander il faut un général de brigade... »[138].

---

[137]Franz Kafka, *Le procès*, roman posthume ; publication originale en langue allemande le 26 avril 1925. Version française : traducteur Alexandre Vialatte, Gallimard.
[138]Voire l'article intitulé : « Comment devient-on général au Cameroun ? », disponible sur le sitehttp://www.camer.be/45350/35:32/cameroun-comment-devient-on-general-dans-larmee-g-cameroon.html.

En ce qui concerne l'avancement du personnel du corps de la sûreté nationale, le décret n° 2001/065 du 12 mars 2001 portant statut spécial du corps des fonctionnaires de la sûreté nationale dispose :

« **Article 70**.- (1) Le fonctionnaire de la sûreté nationale peut bénéficier d'un avancement d'échelon ou de grade en fonction de l'ancienneté et de la notation.

(2) Il peut avancer d'échelon ou de grade à la suite d'une récompense ou de l'obtention d'un diplôme technique de police.

(3) Pour bénéficier d'un avancement, le fonctionnaire doit justifier en plus des autres conditions statutaires, d'une note professionnelle au moins égale à 13/20.

Article 71.- *(1) Lorsqu'un fonctionnaire de la sûreté nationale accède à un grade ou à un cadre supérieur, il lui est attribué au moment de son avancement, de son reclassement ou de son intégration dans son nouveau grade ou son nouveau cadre, un échelon comportant un indice égal, ou à défaut, immédiatement supérieur à celui dont il bénéficiait dans son ancien grade ou son ancien cadre.*

(2) En cas de nomination à un indice égal, le fonctionnaire conserve l'ancienneté d'échelon acquise dans son grade ou son cadre d'origine ».

Ici, il est aisé de constater que dans le corps de la police, les conditions d'avancement sont suffisamment explicites, au point de ne nécessiter aucune interprétation.

Dans la magistrature, c'est tout le contraire. Non seulement le nombre de ceux qui seront promus est d'avance fixé sur la base des critères occultes – le texte susvisé fait laconiquement état « *des besoins prévisibles* » – , mais aussi et surtout, la promotion se fait par vote. Peut-on légitimement voter pour quelqu'un qu'on ne connaît pas physiquement au détriment d'un autre qu'on côtoie tous les jours ? Existe-t-il des critères objectifs pouvant orienter le vote des électeurs ? La politique n'enseigne-t-elle pas que le candidat qui sollicite le suffrage des électeurs doit faire campagne auprès de ces derniers ? Et même après une bonne campagne, le choix de l'électeur n'est-il pas toujours subjectif ?

Sur le plan numérique, le nombre des magistrats est de loin inférieur à celui des militaires ou des policiers[139]. Pourquoi dans ces derniers corps les contraintes budgétaires ne sont-elles pas prises en compte pour limiter le nombre de personnels à promouvoir chaque année ?

De même, en termes de besoins, il n'y a aucune comparaison possible à faire entre les besoins de ces deux administrations et ceux de la justice. La haute hiérarchie a-t-elle un quelconque intérêt à fabriquer des magistrats aigris ? Et si oui, pour quel rendement ?

Le vice qui se trouve dans le système actuel de promotion des magistrats est que, la nomination aux postes de responsabilités étant indexée au grade[140], la promotion devient l'instrument par lequel on offre la possibilité de nomination aux uns et la refuse aux autres.

Le résultat sur le terrain c'est que nombreux sont les cas de figure où certains deviennent des supérieurs hiérarchiques de leurs camarades de promotion ou de leurs collègues qui ont prêté serment des dizaines d'années après eux. Ces situations sont potentiellement « conflictogènes » et ne sont nullement propices à l'instauration d'un climat de

---

[139] Selon les statistiques officielles, le Cameroun en 2016 compte au total 1542 magistrats en activité.

[140] Voir à cet effet le décret n° 2012/189 du 18 avril 2012 modifiant et complétant certaines dispositions du décret n° 2000/310 du 3 novembre 2000 modifiant le tableau A annexé au décret n° 95/048 du 8 mars 1995 portant statut de la magistrature.

travail serein, surtout lorsque le chef, susceptible à souhait, prend l'option de s'imposer comme tel, sans ménagement. Suspectant son aine placé sous ses ordres de pouvoir contester son autorité, il interprète tout acte de ce dernier sous ce prisme et le sanctionne comme tel, dans le but d'affirmer son autorité.

Qu'on l'admette ou pas, il est frustrant de se retrouver sous les ordres d'un camarade de promotion ou d'un jeune collègue moins expérimenté, faisant étalage de connaissances approximatives et qui, du haut de son poste de chef, cherche constamment à vous pousser à la faute.

Pourquoi ne pas envisager de donner le grade à celui qui le mérite et faire des nominations discrétionnaires ?

À titre de droit comparé, on peut noter que dans quelques États africains, des réformes ayant pour objectif de tempérer l'hyper présence du prince dans l'administration de la justice ont été entreprises. C'est ainsi que le conseil de la magistrature au Togo est désormais présidé par le président de la Cour suprême. Au Mali, c'est aussi le président de la Cour suprême qui préside le conseil lorsque la poursuite concerne un magistrat du siège, et par le procureur général près la Cour suprême s'il s'agit d'une incrimination dirigée contre un magistrat du parquet. Au Bénin, le président de la Cour suprême est venu remplacer le ministre garde des Sceaux au poste de vice-président.

Enfin, notons qu'en France[141], l'aspiration d'autonomie du conseil supérieur de la magistrature, associée à un besoin de rénovation et d'équilibre renforcé, a conduit d'une part à la réforme constitutionnelle du 27 juillet 1993 adoptée au

---

[141] Ces réformes ont été extraites de l'article intitulé : « L'historique du conseil supérieur de la magistrature en France », disponible sur le site : file:///C:/Users/user/Documents/Historique%20_%20Conseil%20Superieur%20de%20la%20Magistrature.htm.

congrès du parlement par 833 voix contre 34, et d'autre part, à la loi organique du 5 février 1994.

Trois modifications importantes ont été apportées, à savoir :

- la diversification du mode de désignation qui a permis de rassembler au sein de deux formations distinctes, l'une compétente pour les magistrats du siège et l'autre compétente pour les magistrats du parquet, six magistrats élus dans chacune d'elles, à côté desquels prennent place quatre membres communs aux deux formations, désignés respectivement par le président de la République, le président de l'Assemblée nationale, le président du Sénat et l'assemblée générale du Conseil d'État ;
- l'accroissement des attributions du conseil à l'égard des magistrats du siège par l'extension de son pouvoir de proposition aux présidents de tribunaux de grande instance et l'attribution d'un pouvoir consultatif s'exprimant par des avis conformes pour toutes les autres nominations ;
- la reconnaissance d'une compétence nouvelle à l'égard des magistrats du parquet par l'attribution à la formation compétente d'un pouvoir consultatif s'exprimant par avis simple.

Clé de voûte de l'autorité judiciaire, gardien de son indépendance et symbole de l'unité du corps judiciaire, le conseil supérieur de la magistrature dispose dès lors de prérogatives variées et nombreuses, rassemblées autour de trois attributions que sont : la nomination des magistrats, l'action disciplinaire et la matière consultative.

La loi organique du 25 juin 2001 modifie le mode d'élection des magistrats autres que les membres de la Cour de cassation et les chefs de cours et de juridictions, en adoptant le scrutin de liste à la représentation proportionnelle suivant la règle du plus fort reste, sans panachage ni vote préférentiel. Elle a en outre modifié tant le mode de saisine que le mode de fonctionnement du conseil statuant en formation disciplinaire.

La loi n° 2008-274 du 23 juillet 2008 de modernisation des institutions de la Ve République et la loi organique n° 2010-830 du 22 juillet 2010 relative à l'application de l'article 65 de la Constitution réforment une nouvelle fois le conseil supérieur de la magistrature sur trois points : la présidence du conseil et sa composition, la nomination des magistrats du ministère public, la possibilité pour les citoyens de déposer une plainte contre un magistrat.

Section III. La nécessaire prise en compte du caractère bilingue, biculturel et bijuridique du Cameroun

Au lendemain de la réunification en 1961 des deux parties du Cameroun, naguère séparées par le fait colonial, les pouvoirs publics ont résolument fait l'option d'une politique d'intégration. Dans le domaine de la justice, cette volonté s'est matérialisée par le tout premier Code pénal fédéral de 1967, la législation foncière des années 1974 et suivantes, le Code du travail et plus récemment encore, par le nouveau code de procédure pénale bilingue de 2005.

Mais, la « crise anglophone » ambiante est venue rappeler aux uns et aux autres que cette politique d'intégration n'était plus perçue avec la même sérénité de l'autre rive du Mungo. Bien avant la contestation des avocats et des enseignants anglophones qui s'est au fil du temps muée en une revendication politique, puis en lutte armée remettant en cause la forme unitaire de l'État, un certain nombre de faits laissaient entrevoir que le processus d'intégration initié au lendemain de la réunification avait reçu au cours de son vol du plomb dans l'aile, et qu'il volait désormais bas. Au niveau des symboles de l'État, le plus emblématique de ces faits demeure l'hymne national, dont le contenu en français est différent de celui en anglais.

Dans le cadre de la résolution de la crise dite « anglophone » en cours dans notre pays, les pouvoirs publics ont pris d'importantes mesures devant impacter l'administration de la justice. Il s'agit entre autres de la création d'une section de la common law à la Cour suprême et à l'ENAM.

La section de la common law à la Cour suprême a été créée par la loi n° 2017/014 du 12 juillet 2017, modifiant et complétant certaines dispositions de la loi 2006/016 du 29 décembre 2006 portant organisation de la Cour suprême. Cette section vient s'ajouter aux cinq autres que comptait déjà la chambre judiciaire de la Cour suprême, à savoir : la section civile, la section commerciale, la section pénale, la section sociale et la section de droit traditionnel.

Elle est appelée à connaître des pourvois qui interviendraient dans les matières dont la législation n'est pas encore uniformisée et actuellement connues par les juridictions de l'ordre judiciaire du Nord-ouest et du Sud-ouest. En ce qui concerne les matières non encore uniformisées et susceptibles de relever de la section de la common law, il s'agit du droit des personnes et de la famille, des régimes matrimoniaux et des successions, du droit des obligations, du droit de la preuve. Dans les faits, ce sont les procédures civiles et commerciales résiduelles, c'est-à-dire non encore prises en compte par l'OHADA, la CEMAC ou les lois d'application nationale qui sont concernées par la common law et donc susceptibles d'être connues par la nouvelle section de la common law de la Cour suprême[142].

En marge de ce texte, les pouvoirs publics ont également pris des mesures dans les universités d'État dans le but d'uniformiser l'enseignement du droit. Il s'agit de :

- Arrêté n° 17/0034/MINESUP du 21 avril 2017 portant création d'un département d'English Law à la faculté des sciences juridiques et politiques de l'Université de Douala ;
- Arrêté n° 17/0033/MINESUP du 21 avril 2017 portant création d'un département d'English Law à la faculté des sciences juridiques et politiques de l'Université de Maroua ;
- Arrêté n° 17/0037/MINESUP du 21 avril 2017 portant création d'un département d'English Law à la faculté des sciences juridiques et politiques de l'Université de NGaoundéré ;
- Arrêté n° 17/0035/MINESUP du 21 avril 2017 portant création d'un département d'English Law à la faculté des sciences juridiques et politiques de l'Université de Dschang ;
- Arrêté n° 17/0038/MINESUP of 21 avril 2017 portantcréation d'un département de French private Law à la Faculty of Law and Political Science of the University of Bamenda ;
- Arrêté n° 17/0036/MINESUP of 21 avril 2017 portant création d'un département de French private Law à la Faculty of Social Management Science de l'Université de Buea ;

142 *JUSTITIA*, magazine d'informations générales du ministère de la Justice, décembre 2017, n° 010 p. 21.

Ces importantes mesures étant encore en cours d'implémentation, il apparaît prématuré d'en faire une quelconque appréciation, notamment la vision ayant soutenu lesdites mesures, et particulièrement le portrait-robot du futur magistrat camerounais.

Mais d'ores et déjà, on peut constater qu'elles ont le mérite d'apporter des solutions à un certain nombre d'incohérences qui, naguère, impactaient négativement l'administration de la justice dans la partie anglophone du pays.

En fait, il apparaissait illogique que des candidats au concours d'entrée à l'ENAM fussent titulaires de diplômes francophones et anglophones et qu'au niveau de la formation, cette dualité de cursus universitaire ne fût plus d'actualité. La quasi-totalité des cours à l'ENAM se dispensant en français, il aurait été opportun de s'intéresser au confort linguistique des anglophones à pouvoir assimiler lesdits enseignements. Pour des gens dont le cursus scolaire et universitaire s'était déroulé exclusivement en anglais, ils n'étaient nullement outillés pour les assimiler. Résultat, le passage à l'ENAM leur permettait uniquement d'obtenir le diplôme, puisqu'au sortir de cette école, ils retrouvaient leur biotope naturel.

Parallèlement, lorsqu'un magistrat francophone était affecté dans la zone anglophone sans le moindre outillage pour lui permettre d'améliorer son anglais et être rapidement opérationnel, il se trouvait dans une situation très inconfortable.

Dans l'une ou l'autre hypothèse, des mesures visant à régler le problème de langue qui se posait avec acuité étaient hautement souhaitables.

Pendant longtemps, le fait que les magistrats anglophones n'eurent été majoritairement affectés que dans les zones anglophones faisait que le passage à l'ENAM paraissait pour beaucoup comme un simple tremplin pour obtenir leur « permis de juger », et non comme un moule par lequel ils étaient formés pour exercer leur métier partout dans le pays.

Il en résultait que lorsqu'on arrivait pour la première fois dans la zone anglophone, un constat s'imposait, à savoir que la magistrature en vigueur dans cette partie n'était pas exactement la même que dans la partie francophone du pays : les lois appliquées dans les mêmes matières n'étaient pas forcément les mêmes, l'attitude vis-à-vis de la soumission du juge à la loi n'était pas la même, l'interprétation de la loi n'obéissait pas forcément au même principe et enfin, des pratiques n'ayant aucun fondement juridique avaient fini par se substituer à la loi.

Sur le plan déontologique, les juges donnaient l'impression de n'avoir pour seule limite que leur conscience d'une part, et semblaient indifférents aux dispositions dissuasives du statut de la magistrature d'autre part. Du fait qu'ils faisaient rarement l'objet de poursuites disciplinaires, ils s'enlisaient dans des pratiques qui, outre-Mungo, pourraient valoir la révocation d'un collègue. Comment en est-on arrivé, dans le même pays, à laisser émerger deux magistratures, au point où ce qui est inimaginable d'un côté peut être toléré de l'autre ?

À titre d'illustration, la toque fait partie intégrante du costume d'audience à Buea par exemple, au point où on ne saurait imaginer un magistrat à l'audience sans toque. Le déroulement de l'audience est rythmé par un rituel inexistant dans la partie francophone : quand le tribunal entre dans la salle d'audience, il doit s'incliner devant l'auditoire avant de s'asseoir. Lorsque le président déclare l'audience ouverte et toutes les fois qu'il prononce une décision, l'assistance doit y adhérer par l'expression : « *As the court please* » ; et à la fin de l'audience, le tribunal doit aussi s'incliner devant l'auditoire avant de se retirer.

On peut aussi évoquer la configuration de la salle d'audience qui est la même, qu'il s'agisse de l'audience pénale, civile ou administrative. Ici il y a une prééminence reconnue au siège par rapport au ministère public et aux greffiers, laquelle se traduit par le fait que tous n'accèdent pas à la salle d'audience, ni par la même entrée ni au même moment. À l'intérieur de la salle d'audience, seul le siège est sur l'estrade, les représentants du ministère public et les greffiers étant sur le parquet aux côtés et en face des avocats.

Ici encore, nos options politiques sont interpellées. Les pouvoirs publics ayant réaffirmé l'option de l'intégration, il sera question, au moment de solder la crise, de faire un bilan de la politique d'intégration jusqu'ici appliquée, d'identifier les poches de résistance, de redéfinir les nouveaux objectifs et de mettre en œuvre les moyens matériels et humains susceptibles de conduire à la réalisation de ces nobles objectifs.

CONCLUSION

La justice institutionnelle dans notre pays est un legs colonial, étant à préciser que l'ordonnance n° 59-85 du 17 décembre 1959 est le tout premier texte portant statut de la magistrature camerounaise. Son administration est rythmée par un certain nombre de particularismes (vocabulaire, tenue, rites, symboles) qui font du service public de la justice une administration singulière. Ces particularismes opacifient la compréhension du fonctionnement de cette administration par le citoyen ordinaire. L'exploration de l'histoire de notre pays n'offre que des éléments parcellaires qui ne permettent pas d'expliquer de manière exhaustive cet hermétisme.

Il faut pouvoir plonger en profondeur dans l'histoire séculaire de la France et de l'Europe pour puiser les éléments indispensables à la compréhension de ce particularisme de la justice. Cet exercice permet de réaliser que la plupart des maux dont souffre notre justice trouvent leur origine lointaine dans l'histoire française et occidentale, et que par conséquent, reformer notre système judiciaire en occultant ce passé colonial ne pourrait déboucher que sur des résultats mitigés.

Cogiter par exemple sur l'indépendance du juge en perdant de vue le fait que nous avons hérité de la France une justice conçue pour être inféodée au pouvoir exécutif ne pourrait aboutir qu'à des résultats mièvres. Le deuxième constat qui s'impose est que la quasi-totalité des instruments légaux dont nous avons hérité de la France a de la peine à être reformée pour tenir compte de notre propre histoire et de nos aspirations actuelles. C'est ainsi que la loi n° 82-014 du 26 novembre 1982 ainsi ses diverses modifications fixant l'organisation et le fonctionnement du conseil supérieur de la magistrature est restée très proche de celle qui régissait la magistrature en France au moment de notre indépendance. Et le paradoxe dans tout cela c'est qu'entretemps, le même texte a subi en France d'importantes réformes auxquelles nous demeurons indifférents, un peu comme si une clause d'intangibilité grevait la version qui avait été transposée dans notre système légal.

L'ampleur des maux dont souffre la justice dans notre pays rend incontournable une réforme judiciaire. Et c'est dans cette optique que l'organisation des états généraux de la justice occupe une place de choix dans l'agenda de la chancellerie. Les partis politiques, les avocats, la société civile et les intellectuels de tous bords ne sont pas restés insensibles en face de cette nécessité. C'est ainsi qu'à divers niveaux, plusieurs modules de réformes sont proposés. Dans l'ensemble, ces réformes envisagent une amélioration des conditions de travail du personnel judiciaire, le renforcement des effectifs, la réduction des détentions préventives, la réduction de la surpopulation carcérale, la réduction des lenteurs judiciaires, etc.

Ces propositions de réforme, volontairement ou pas, occultent les mécanismes de gestion de la carrière des magistrats que constituent la chancellerie et le conseil supérieur de la magistrature, dont les attributions en la matière sont déterminées par la Constitution, la loi n° 82-014 du 26 novembre 1982 fixant l'organisation et le fonctionnement du conseil supérieur de la magistrature ainsi que le décret n° 95/048 du 8 mars 1995 portant statut de la magistrature.

Dans cette optique, les propositions formulées ne seront-elles pas partielles ? Ne s'agira-t-il pas de soigner le mal en occultant sa cause ?

L'analyse globale révèle que la racine des maux dont souffre la justice dans notre pays se trouve dans la nature « présidentialiste fort » de notre régime politique, qu'il faudra questionner, en vue de définir les contours de la justice nouvelle que nous voulons pour notre pays : une justice promotrice de développement, de sécurité, de justice, d'impartialité, d'égalité et de consolidation de l'État de droit.

ANNEXES

ANNEXE 1 :

Extraits de la constitution de la République du Cameroun

Titre V : Du Pouvoir judiciaire

Art. 37.- (1) La justice est rendue sur le territoire de la République au nom du peuple camerounais.

(2) Le pouvoir judiciaire est exercé par la Cour Suprême, les Cours d'appel, les Tribunaux. Il est indépendant du pouvoir exécutif et du pouvoir législatif. Les magistrats du siège ne relèvent dans leurs fonctions juridictionnelles que de la loi et de leur conscience.

(3) Le Président de la République est garant de l'indépendance du pouvoir judiciaire. Il nomme les magistrats. Il est assisté dans cette mission par le Conseil Supérieur de la Magistrature qui lui donne son avis sur les propositions de nomination et sur les sanctions disciplinaires concernant les magistrats du siège. L'organisation et le fonctionnement du Conseil Supérieur de la Magistrature sont déterminés par la loi.

Art. 38.- (1) La Cour Suprême est la plus haute juridiction en matière judiciaire, administrative et de jugement des comptes. (2) Elle comprend :

- Une chambre judiciaire ;
- Une chambre administrative ;
- Une chambre de compte ;

Art. 39.- La chambre judiciaire statue souverainement sur : Les recours en cassation admis par la loi contre les décisions rendues en dernier ressort par les Cours et les

Tribunaux de l'ordre judiciaire ; les décisions des juridictions inférieures de l'ordre judiciaire devenues définitives dans les cas où l'application du droit est en cause ; toute matière qui lui est expressément attribuée par la loi.

Art. 40.- La chambre administrative connaît de l'ensemble du contentieux administratif de l'État et des autres collectivités publiques. Elle connaît en appel du contentieux des élections régionales et municipales. Elle statue souverainement sur les décisions rendues en dernier ressort par les juridictions inférieures en matière de contentieux administratif. Elle connaît de tout autre litige qui lui est expressément attribué par la loi.

Art. 41.- (1) L'organisation, le fonctionnement, la composition, les attributions de la Cour Suprême et des chambres qui la composent ainsi que les conditions de saisines et la procédure suivie devant elles sont fixées par la loi. (2) L'organisation, le fonctionnement, la composition, les attributions des Cours d'appel, des Tribunaux de l'ordre judiciaire, les tribunaux administratifs et des juridictions inférieures des comptes ainsi que les conditions de saisines et la procédure suivie devant eux sont fixés par la loi.

Art. 2.- (1) La souveraineté nationale appartient au peuple camerounais qui l'exerce soit par l'intermédiaire du Président de la République et des membres du Parlement, soit par voie de référendum. Aucune fraction du peuple ni aucun individu ne peut s'en attribuer l'exercice.

(2) Les autorités chargées de diriger l'État tiennent leurs pouvoirs du peuple par voie d'élections au suffrage universel direct ou indirect, sauf dispositions contraires de la présente Constitution.

(3) Le vote est égal et secret ; y participent tous les citoyens âgés d'au moins vingt (20) ans.

Art. 4.- L'autorité de l'État est exercée par :

- Le Président de la République ;
- Le Parlement.

ANNEXE 2 :

Extrait du Décret N° 95/048 du 8 mars 1995 portant statut de la magistrature

Article 12.

1) Les auditeurs de justice diplômés de l'École Nationale d'Administration et de Magistrature (section magistrature) sont intégrés dans la magistrature pour compter de la date d'obtention dudit diplôme.

2) Cette intégration est prononcée par décret, après avis du Conseil Supérieur de la Magistrature 3) Elle a lieu au premier grade, avec attribution du premier échelon de rémunération dudit grade et emporte nomination à un emploi du premier grade.

Article 6.

1) Les nominations, mutations, promotions, détachements, admission à un congé de maladie de longue durée, à la disposition ou à la retraite des magistrats sont décidés par décret.

2) Les décrets de nomination, de mutation et de promotion dans les fonctions judiciaires concernant soit un magistrat du siège, soit la mutation au siège d'un magistrat du parquet, soit la mutation au parquet d'un magistrat du siège sont soumis à l'avis préalable du Conseil Supérieur de la Magistrature

Article 29.

1) L'élévation à la hors hiérarchie, ou la promotion de groupe à l'intérieur de la hors-hiérarchie a lieu sans inscription préalable à un tableau d'avancement.

2) Au début de ce chaque année budgétaire, le ministre de la Justice présente au Président de la République, un état des magistrats remplissant les conditions prévues à l'article 28 paragraphes 1 et 2 dûment accompagné de ses propositions.

3) Le Président de la République décide de l'élévation à la hors hiérarchie ou de la promotion de groupe à l'intérieur de la hors hiérarchie par décret.

4) Les autres promotions ont lieu au grade immédiatement supérieur après inscription à un tableau d'avancement.

Article 49.

1) Le Président de la République peut infliger par arrêté, un avertissement ou en réprimande aux magistrats du siège après avis du Conseil Supérieur de la Magistrature

ANNEXE 3 :

Extraits du 3- Loi N° 82-014 du 26 novembre 1982 fixant l'organisation et le fonctionnement du Conseil Supérieur de la Magistrature

Article 1er.1) Le Conseil Supérieur de la Magistrature est présidé par le Président de la République.

2) Le ministre chargé de la Justice en assure la Vice-Présidence.

Toutefois, le Président de la République peut désigner une autre personnalité en qualité de Vice-président.

3) Le Conseil Supérieur de la Magistrature comprend en outre

a) trois députés désignés par l'Assemblée nationale au scrutin secret, et à la majorité des deux tiers des membres la composant.

b) Trois magistrats du siège au moins du 4e grade, en activité de service, désignés par la Cour Suprême en Assemblée plénière.

e) Une personnalité n'appartenant ni à l'Assemblée nationale ni au corps judiciaire et n'ayant pas la qualité d'auxiliaire de justice, désignée par le Président de la République, en raison de sa compétence.

Article 2. Les personnalités désignées pour composer le Conseil Supérieur de la Magistrature sont nommées membres titulaires par décret.

Article 3.- a) Un membre suppléant est désigné dans les mêmes conditions que ci-dessus, à chaque membre titulaire, pour le cas où celui-ci se trouverait empêché de siéger.

b) En outre, le Président de la République peut inviter une ou plusieurs personnalités, en raison de leur compétence et de la nature du problème posé, à participer aux travaux du Conseil supérieur de la Magistrature. Elles ne prennent pas part aux délibérations.

Article_4. 1) La durée du mandat des membres titulaires est de cinq ans.

2) Le mandat des membres suppléants cesse à la date d'expiration du mandat des membres titulaires.

Article 5. 1) Lorsqu'une vacance se produit avant la date d'expiration du mandat en cours, il y est suppléé, dans les trois mois selon les modalités fixées par les articles 1, 2 et 3 de la présente loi.

2) Tout membre nommé en application du paragraphe (1) ci-dessus achève le mandat de son prédécesseur.

Article 6. Les personnalités non-magistrats, nommées membres du Conseil Supérieur de la Magistrature, prêtent devant le Président de la République, lors de leur installation et avant tout acte de leur fonction, le serment prescrit pour les magistrats dans le statut de la magistrature.

Article 7. a) Il est procédé à une nouvelle désignation des membres du Conseil Supérieur de la Magistrature, un mois au moins, avant l'expiration du mandat en cours.

b) Les membres dont le mandat s'achève conservent leurs fonctions jusqu'à la nomination de nouveaux membres.

Article 8. Le secrétariat du Conseil Supérieur de la Magistrature est assuré par un magistrat en service à

Yaoundé, nommé par décret, en qualité de secrétaire du Conseil Supérieur de la Magistrature.

Article 9. 1) Le Secrétaire du Conseil Supérieur de la Magistrature est chargé de la mise en état des dossiers soumis à l'avis du Conseil Supérieur de la Magistrature.

2.) Il veille au fonctionnement administratif dudit Conseil, en liaison avec les services compétents.

Article 10. Le Président de la République garant de l'indépendance de la magistrature est assisté, dans cette mission, par le Conseil Supérieur de la Magistrature. Il peut, à cet effet, le consulter sur toute question relative à l'indépendance de la magistrature.

BIBLIOGRAPHIE

I. OUVRAGES :

- *L'administration publique camerounaise à l'heure des réformes*. Ouvrage collectif rédigé sous la direction de Magloire Ondoa, HARMATTAN, 2010 ISBN : 978-2-296-13540-6 EAN : 9782296135406.
- La Cour suprême du Cameroun ; opuscule final fr.pdf. Adobe Reader ; *N* Dépôt légal n° MINATD Saisie et Mise en page, Impression :
- Geode Caraïbe, *Dynamiques migratoires de la Caraïbe*, Éditions KARTHALA 22-24, Boulevard Arago 75013 Paris, ISBN 978-2-84586-849-6,
- Alioune BADARA FALL : Les menaces internes à l'indépendance de la justice disponible sur le site : file:///C:/Users/user/Documents/Les%20menaces%20internes%20%C3%A0%20l'ind%C3%A9pendance%20de%20la%20justice%20-%20AHJUCAF.org.htmLes menaces internes à l'indépendance de la justice ;
- Albert Soued, *Les symboles dans la Bible*, 1993, by Jacques Grancher, Éditeur ISBN 2-733903-85-3.
- Camille Creuzot : la face cachée des nombres ; by Dervy – Livres ISBN 2-70283919-3.
- Bible d'étude : Version du semeur 2000, traduite en français d'après les textes originaux hébreux et grecs. Editions Excelsis 2001.

- Ehongo (A.N.) « Le statut de la magistrature camerounaise », cours polycopié diffusé par le CENAM au profit exclusif des auditeurs de justice.

- Ebénézer Njoh Mouelle, *Député de la nation*, Presses de l'UCAC, Yaoundé, 2002.

- Guy Roger Eba'a, *Les grands moments de la justice au Cameroun de 1958 à 2010*, publié en 2010 par les Presses de l'Université catholique d'Afrique centrale » ISBN 2-84849-055-1.

- Jean-Claude Farcy, *Magistrat en majesté : les discours de rentrée aux audiences solennelles des cours d'appel (XIXe-XXe siècles).*

Jean Claude Farcy **:** Quelques données statistiques sur la magistrature coloniale ; disponible sur le site : www.cliothemis.com › Clio@Thémis, numéro 4.

- Nicolas Derasse, « Jean-Claude Farcy, *Histoire de la justice en France de 1789 à nos jours* », *Criminocorpus* [En ligne], 2016, mis en ligne le 6 septembre 2016, consulté le 7 octobre 2018. URL : http://journals.openedition.org/criminocorpus/3335.

- Dictionnaire de droit administratif par Agathe Van Lang, Geneviève Gondouing, Veronique Inserguet Brisset, 7e édition. ISBN 978-2-247-15827-0.

- MATHIEU TANKEU : les fondements divins du serment le cas du magistrat, publié par les Éditions CLE, Yaoundé : en 2012, ISBN 978-9956-0-9192-8 ;

- Manuel de l'ONUDC (office des Nations Unies contre la drogue et le crime) sur l'entraide judiciaire et l'extradition disponible sur le site Mutal_Legal_Assistance_Ebook_F.pdf-Adobe Reader.

II. ARTICLES

- Allocution de monsieur Laurent Esso ministre d'État, ministre de la Justice, garde des sceaux au cours de l'audience inaugurale du Tribunal criminel spécial tenue à Yaoundé le 15 octobre 2012 ;
- Allocution du premier président de la Cour suprême, Alexis Dipanda Mouelle à l'occasion de la rentrée solennelle de la haute juridiction le 28 février 2013 ;
- Discours de monsieur Léon-Caen, avocat général à la Cour de cassation le 16 octobre 1936 sur le thème : Le costume d'audience, considérations historiques et critiques.
- *La coutume, source de droit au Cameroun*, Victor Emmanuel Bokalli, chargé de cours à la faculté des sciences juridiques et politiques de l'Université de Yaoundé II.
- Principes fondamentaux relatifs à l'indépendance de la magistrature ; Adoptés par le septième Congrès des Nations Unies pour la prévention du crime et le traitement des délinquants qui s'est tenu à Milan du 26 août au 6 septembre 1985 et confirmés par l'assemblée générale dans ses résolutions 40/32 du 29 novembre 1985 et 40/146 du 13 décembre 1985 disponible sur le site : file:///C:/Users/user/Documents/Principes fondamentaux relatifs à l'indépendance de la magistrature.htm ;
- Alain Girardet : lieux et symboles du pouvoir judiciaire ; disponible sur le site : https://sites.google.com/site/apparencesjusticetribunauxtpe/plan-du-tpe/iii-les-hommes-et-femmes-de-pouvoir-dans-deux-pays-europens/a-les-symboles-et-vtements-qui-les-reprsentent.

- Alioune Badara Fall (professeur des universités - droit public codirecteur du CERDRADI) : Le juge, le justiciable et les pouvoirs publics : pour une appréciation concrète de la place du juge dans les systèmes politiques en Afrique, disponible sur le site : file:///C:/Users/user/Documents/Le%20juge,%20le%20justiciable%20et%20les%20pouvoirs%20publics%20%20%20pour%20une%20appr%C3%A9ciation%20concr%C3%A8te%20de%20la%20place%20du%20juge%20dans%20les%20syst%C3%A8mes%20politiques%20en%20Afrique%20-%20Afrilex.htm.

- Ibrahima H. Deme, magistrat, substitut général cour d'appel de Dakar ibradem57@gmail.com : Le conseil supérieur de la magistrature : L'indispensable reforme ; disponible sur le site : file:///C:/Users/user/Documents/Le%20conseil%20sup%C3%A9rieur%20de%20la%20magistrature%20%20L'indispensable%20reforme.htm

- Alain GIRARDET exposé sur le thème : « La réalité de l'indépendance judiciaire, disponible sur le site 10-05-2007_ girardet. Pdf (SECURED) Adobe Reader.

- P.F GONIDEC : De la dépendance à l'autonomie : l'État sous tutelle du Cameroun.Annuaire français de droit international, Année 1957, Volume 3, Numéro 1, pp. 597-626 QUESTIONS INTERNATIONALES INTÉRESSANT LA France. (*) P.F. Gonidec, professeur à la Faculté de Droit de Rennes, a enseigné à la Faculté de Droit de Dakar, à l'Université de l'État de Louisiane (E. U.).

- Paul Marie GAUDEMET : L'autonomie camerounaise ; Revue française de science politique Année 1958 Volume 8 Numéro 1 pp. 42-72 ;

- La réforme judiciaire que propose Fabien ASSIGANA, homme politique camerounais disponible sur le site : file:///C:/Cameroun%20%E2%80%93%20Justice%20%20%20La%20r%C3%A9forme%20judiciaire%20que%20propose%20Fabien%20Assigana,%20homme%20politique%20camerounais%20_%20CL2P.ht)
- Définition de justice, Wikipédia file : ///C:/Users/user/Documents/Justice%20%E2%80%94%20Wikip%C3%A9dia.htm
- Histoire du droit camerounais disponible sur le site : file:///C:/Users/user/Documents/Droit%20camerounais%20%E2%80%94%20Wikip%C3%A9dia.htm
- La mémoire du Cameroun. Encyclopédie en ligne de l'histoire des organisations du Cameroun.htm disponible sur le site : file:///C:/Users/user/Documents/Cour%20supreme%20-%20La%20M%C3%A9moire%20du%20Cameroun.%20Encyclop%C3%A9die%20en%20ligne%20de%20l'histoire%20des%20organisations%20du%20Cameroun.htm ;
- L'historique du conseil supérieur de la magistrature en France disponible sur le site : file:///C:/Users/user/Documents/Historique%20_%20Conseil%20Superieur%20de%20la%20Magistrature.htm
- Emmanuelle Chevreau, professeur d'histoire du droit à Paris II : « Juridiction », « Tribunal » : aux origines des mots ; L'évolution du vocabulaire de la Justice à travers l'Histoire disponible sur le site : file:///C:/Users//Justice _ Portail _ « Juridiction », « Tribunal »
- le garde des Sceaux sous l'ancien régime disponible sur le site : Sous l'Ancien Régime https://fr.wikipedia.org/wiki/Garde_des_sceaux_de_France

- « Chancellerie », « garde des Sceaux » : aux origines des mots ; L'évolution du vocabulaire de la Justice à travers l'Histoire ; Documents/Justice _ Portail
- « Chancellerie », « garde des Sceaux » aux origines des mots.htm.
- le ministre de la justice en France disponible sur le site : (https://fr.wikipedia.org/wiki/Ministre_de_la_Justice_France) ;
- Robes de magistrat de juge et de greffier disponible sur le site : https://fr.wikipedia.org/wiki/Robes_de_magistrat,_de_juge_et_de_greffier ;
- L'expression du serment dans la Grèce antique in revue de l'histoire des religions, tome 134 n° 1-3, r 947 pp 81-94 disponible sur le site www persée.fr/web/revues/…/rhr6 0035-1423-1947-uun-134-1-5601.
- Les costumes de justice – ministère de la Justice - CA Paris disponible sur le site : www.ca-paris.justice.fr/index.php?rubrique=11126
- historique du palais de justice de Paris historique_palais_1 .pdf_Adobe Reader.
- Ministère public (ou parquet du procureur général) disponible sur le site : e.ch/justice/sites/default/files/justice/common/brochures/histoire/LE_PROCUREUR_GENERAL.pdf).
- **Xavier Godin**, « Benoît GARNOT, *Histoire des juges en France de l'Ancien Régime à nos jours* », *Crimino corpus* [En ligne], 2015, mis en ligne le 7 décembre 2015, consulté le 6 janvier 2017. URL : http://criminocorpus.revues.org/3077.

III. JOURNAUX

- *Repères* du 12 juillet 2015 : Cameroun – Justice : Des pressions internes et politiques menottent les magistrats ;
- *Jeune Afrique* : Le Cameroun malade de sa justice disponible sur le site Jeune Afrique.com par Georges Dougueli @GDougueli.
- *JUSTITIA,* magazine d'informations générales du ministère de la Justice, décembre 2017 ; n° 010.
- *Le Jour* du 21 mars 2014 : Cameroun – Justice : « Le magistrat camerounais dans le box des accusés », par Assongmonecdem.
- *Cameroon tribune* du 19 août 2009 : « *Quand les juges prennent leurs vacances* ».

IV. INTERVIEWS

- Maître Engueleguele : Les quatre vérités de maître Engueleguele sur la justice camerounaise disponible sur le site https://blogs.mediapart.fr/joel-didier-engo/blog/270716/les-quatre-verites-de-maitre-engueleguele-sur-la-justice-camerounaise.
- Conférence de presse du général de Gaulle donnée à l'Élysée le 31 janvier 1964, sa philosophie de l'organisation des pouvoirs publics : disponible sur le site : https://fresques.ina.fr/...gaulle/.../Gaulle00382/conference-de-presse-du-31-janvier-1964.
- Interview d'Alioune Badara Fall à RFI Afrique le 18 avril 2018 disponible sur le site : http://www.rfi.fr/afrique/20181004-afrique-constitution-francaise-pas-ete-le-modele-on-croit.

V. THÈSE

« Le droit pénal camerounais et la criminalité internationale », présentée par Philippe Keubou pour l'obtention du grade de docteur de l'Université de Poitiers.
UFR de droit et sciences sociales.
Équipe poitevine de recherche et d'encadrement doctoral en sciences criminelles (Poitiers) ;(Diplôme national - arrêté du 7 août 2006).
École doctorale : droit et science politique – Pierre Couvrat.
Secteur de recherche : droit.
Cotutelle : Université de Dschang, soutenue le 18 octobre 2012.

VI. MÉMOIRE

Mémoire Online > Droit et sciences politiques > « Droits de l'homme et libertés fondamentales. L'émergence d'une culture des droits de l'homme au Cameroun »*par* Cyrille Apala Moiffo Université de Nantes – Diplôme d'Université de 3è cycle en droits fondamentaux 2005.

VII. TABLE LÉGISLATIVE

– Constitution de la République du Cameroun du 2 juin 1972, révisée par la loi n° 96/06 du 18 janvier 1996, celle-ci modifiée et complétée par la loi n° 2008/01 du 14 avril 2008 ;

– Loin° 82-014 du 26 novembre 1982 fixant l'organisation et le fonctionnement du conseil supérieur de la magistrature

– Décret n° 95/048 du 8 mars 1995 portant statut de la magistrature et les textes modificatifs subséquents notamment les décrets n° 2012/190 du 18 avril 2012 modifiant et complétant certaines dispositions du décret n° 97/016 du 22 janvier 1997 accordant des avantages à certains magistrats et celui n° 2012/198 du 18 avril 2012 modifiant et complétant certaines dispositions du décret n° 2000/310 du 3 novembre 2000 modifiant le tableau annexé au décret n° 95/048 du 8 mars 1995 portant statut de la magistrature ;

– Décret 2008/377 du 12 novembre 2008 fixant les attributions des chefs de circonscriptions administratives et portant organisation et fonctionnement de leurs services ;

– Décret no 2001/065 du 12 mars 2001 portant statut spécial du corps des fonctionnaires de la sûreté nationale ;

TABLE DE MATIÈRES

DROIT

AUX ÉDITIONS L'HARMATTAN

Dernières parutions

REPÈRES DE FISCALITÉ DES PROFESSIONNELS ET DES PARTICULIERS

Rock Dieudonné Landze Mbere

La fiscalité est un système de collecte et de redistribution de richesses fondée sur la contribution des ménages, des professionnels et des entreprises. Pour mieux jouer leur partition et s'orienter dans les affaires, le citoyen et le manager ont besoin des repères de fiscalité. Car, en raison de la contrainte financière, le contentieux fiscal au Congo va progressivement s'intensifier.

(320 p., 33 euros)

ISBN : 978-2-343-18620-7, EAN EBOOK : 9782140131783

LA DÉCENTRALISATION DANS LES PAYS FRANCOPHONES D'AFRIQUE DE L'OUEST

Jean-Luc Pissaloux

Cet ouvrage, constitué de contributions écrites par des universitaires, des experts et/ou des hauts fonctionnaires, démontre parfaitement combien la décentralisation est encore une sorte d'idéal-type à atteindre, et qu'elle est loin d'être une pratique effective, efficiente et efficace dans les pays francophones d'Afrique de l'ouest.

(Coll. Droits Publics, 390 p., 38,5 euros)

ISBN : 978-2-343-18272-8, EAN EBOOK : 9782140131653

L'APPLICATION DU DROIT D'AUTEUR AUX HYPERLIENS

Analyse de droit français et de droit américain

Mickaël Le Borloch

Cet ouvrage propose un travail de fond sur les droits français et américain concernant une problématique peu traitée malgré son importance pour le développement de l'internet et la protection des auteurs : l'application du droit d'auteur aux hyperliens.

(Coll. Le Droit aujourd'hui, 632 p., 49 euros)

ISBN : 978-2-343-16341-3, EAN EBOOK : 9782140131660

LES DYNAMIQUES D'INTÉGRATION EN ZONE FRANC EN LIEN AVEC LA ZONE EURO TOME II

Les nouvelles régulations économiques et/ou l'économie de l'intégration

Thimoté Dongotou

Ce deuxième tome fait des propositions sur les nouvelles dynamiques d'intégration en Afrique. Ainsi la prise en compte des partenariats public-privé (PPP) et des dimensions institutionnelles, sociales et anthropologiques est considérée comme de nouvelles régulations économiques et monétaires en Zone Franc Africaine et en zone euro. L'auteur aborde entre autres les grandes familles institutionnelles en économie ou la macroéconomie historique du courant européen contemporain

(Coll. Études africaines, 348 p., 36 euros)

ISBN : 978-2-343-13844-2, EAN EBOOK : 9782140130915

LE CONSTITUTIONNALISME EN EUROPE DE L'EST ET DANS LE MONDE ARABE

Mohamed Ibrahim Hassan

Préface du Dr Lauréline Fontaine

Bien qu'éloignés dans le temps et l'espace, les mouvements révolutionnaires est-européens de la fin des années 80 et du monde arabe des années 2010 ont en commun le constitutionnalisme qui a été le moyen immédiat de sortir du chaos révolutionnaire. S'il a été le dénominateur commun que les peuples ont utilisé pour instaurer les nouveaux régimes politiques qu'ils souhaitaient démocratiques, la singularité de chaque région et de chaque pays s'est imposée lors de la transition et de l'adoption des nouvelles Constitutions. Mais la démocratie ne se décrète pas. A l'instar de la Pologne ou de la Roumanie, les Etats arabes sont confrontés aux mêmes défis sur le chemin de la démocratisation.

(Coll. Droit comparé, 422 p., 40 euros)

ISBN : 978-2-343-17996-4, EAN EBOOK : 9782140131554

EXPÉRIENCES JURIDIQUES SUR LES DROITS HUMAINS

Marco Alberto Quiroz Vitale, Bassin Sandrine Marie-Thérèse Diringbin

Cet ouvrage collectif offre une contribution au débat sur les droits humains à la lumière des théories et de la méthodologie propres à la sociologie juridique. Parmi les questions analysées : les pratiques traditionnelles violant les droits des filles ; les violations de l'interdiction de torture dans la guerre contre la terreur ; les effets sociojuridiques de la globalisation sur le trafic humain...

(Coll. Harmattan Italia, 184 p., 28 euros)

ISBN : 978-2-336-31872-1, EAN EBOOK : 9782140131776

LA CRIMINALITÉ PHARMACEUTIQUE EN RÉPUBLIQUE DÉMOCRATIQUE DU CONGO

Une véritable menace au droit à la santé

Starmans Bofoe Lokangu

Préface de Mwayila Tshiyembe

Pendant que l'humanité assiste passivement à la criminalité pharmaceutique qui englobe la contrefaçon pharmaceutique, la fabrication et le commerce des médicaments falsifiés, gâtés, périmés, illicites ou de qualité douteuse, les patients mettent leur santé en danger. Comme instrument d'interpellation des autorités politiques et sanitaires, des professionnels de droit et de santé, l'ouvrage démontre qu'il est utopique de croire en l'exercice du droit à la santé en présence d'une criminalité pharmaceutique consacrée et institutionnalisée qui constitue une véritable menace pour lui. L'assainissement du secteur pharmaceutique et la répression dissuasive de pharmacriminels restent des mécanismes correctifs pour juguler ce fléau en RDC.

(Coll. Géopolitique mondiale, 238 p., 25,5 euros)

ISBN : 978-2-343-17537-9, EAN EBOOK : 9782140131448

LES DYNAMIQUES D'INTÉGRATION EN ZONE FRANC EN LIEN AVEC LA ZONE EURO TOME I

Les problèmes et scénarios

Thimoté Dongotou

Dans ce premier tome, Thimoté Dongotou étudie, en relation avec les crises économiques, les dynamiques d'intégration en zone franc à l'heure de l'euro. L'ensemble de l'ouvrage est construit autour de trois parties : la zone franc comme projet d'intégration et de développement économique (approches historiques et évolutives) ; les approches d'intégration par la fiscalité et les règles qui s'y appliquent ; la création monétaire en Zone Franc Africaine (ZFA).

(Coll. Études africaines, 498 p., 45 euros)

ISBN : 978-2-343-13843-5, EAN EBOOK : 9782140130908

COLLECTIVITÉS TERRITORIALES ET CINÉMA

Le droit public local du cinéma

David Chappat

Préface d'Olivier Henrard

À partir des années 1940, l'État a pris en charge la réglementation du cinéma en France pour aboutir à la création du Centre National du Cinéma. Depuis quelques dizaines d'années, c'est au niveau local que se poursuit cet effort. L'aide au cinéma permet de développer une politique culturelle, mais également de soutenir une politique sociale, éducative et surtout économique. Pour cela, une répartition des rôles s'est élaborée entre les différents niveaux de collectivités territoriales et de nombreux dispositifs ont été créés afin de couvrir toutes les activités cinématographiques. Mais la validité de certains mécanismes d'aide a été remise en cause, notamment vis-à-vis du droit européen et national de la concurrence.

(Coll. Droit des collectivités territoriales, 128 p., 14,5 euros)

ISBN : 978-2-343-18334-3, EAN EBOOK : 9782140130885

LA PROTECTION DES DROITS DES MIGRANTS

Interactions entre la protection des droits de l'hommes et la protection diplomatique et consulaire

Arafat Abi

Préface de Khadija Elmadmad

En 2018, respectivement le 10 décembre à Marrakech et le 17 décembre à New York, le Pacte mondial pour des migrations sûres, ordonnées et régulières et le Pacte mondial sur les réfugiés ont été adoptés. Premiers accords du genre, ils remplacent la question des migrations au coeur des défis. En effet, à l'heure de la mondialisation, une évidence est d'actualité : l'augmentation des flux migratoires. Et si les Etats tentent souverainement de gérer ces flux, on ne peut oublier que les droits de l'homme sont au-dessus de toutes considérations. La gestion harmonieuse et efficace des migrations doit donc être globale et prendre en compte à la fois les synergies de développement et la protection des droits des personnes migrantes.

(Coll. Le Droit aujourd'hui, 244 p., 25,5 euros)

ISBN : 978-2-343-18037-3, EAN EBOOK : 9782140130427

LES MUTATIONS CONSTITUTIONNELLES EN AFRIQUE NOIRE FRANCOPHONE

à partir des exemples du Congo, du Bénin et du Sénégal

Aimé Ange Wilfrid Bininga

Préface de Frédéric Joël Aïvo - Avant-propos de Babacar Gueye

Ce livre traite des mutations constitutionnelles dans les États d'Afrique noire francophone depuis le renouveau démocratique des années 1990. Ces mutations se manifestent au moyen de la révision constitutionnelle, des lois et règlements infra-constitutionnels, de l'interprétation des normes, de la pratique des acteurs de la vie politique et institutionnelle, de la suspension et de l'abrogation des constitutions. D'une part, elles favorisent le reflux des promesses démocratiques du début des années 1990 et d'autre part, à contresens de cette tendance, les mutations constitutionnelles participent à l'affirmation de l'irréversibilité de la dynamique démocratique.

(Coll. Harmattan Congo-Brazzaville, 360 p., 37 euros)

ISBN : 978-2-343-18410-4, EAN EBOOK : 9782140129926

SÉCURITÉ INTÉRIEURE : PROXIMITÉ ET GLOBALITÉ

Sous la direction de Franck Durand

Il est devenu nécessaire d'envisager la sécurité intérieure en termes de proximité et de globalité. Ainsi en est-il de la réforme emblématique de la nouvelle majorité : la police de sécurité du quotidien, entre présence au plus proche des citoyens et restauration de l'autorité de l'État sur le terrain. Dans le cadre de cette réforme, l'avenir du garde-champêtre, acteur traditionnel de la sécurité rurale, fait l'objet d'incertitudes. Les risques sociaux et sociétaux, les nouvelles menaces, s'inscrivent eux aussi dans plusieurs dimensions. Les rapports entre les acteurs de la sécurité reposent sur une nécessaire complémentarité. Enfin, la révolution numérique a créé un nouvel espace offrant aux prédateurs un nouveau terrain de chasse : cybercriminalité, cyberconflictualité et cyberguerre.

(Coll. Droit de la sécurité et de la défense, 186 p., 19,5 euros)

ISBN : 978-2-343-18095-3, EAN EBOOK : 9782140129100

DÉFIANCE, DOUTE, INCERTITUDE

Quelle place pour la notion de confiance dans les sociétés modernes ?

Sous la direction de Julie Tribolo

Héritières des Lumières, les sociétés modernes se caractérisent par un niveau de développement scientifique et technique toujours plus poussé. L'on pourrait s'attendre à ce que cette domination sans partage du scientifique rende les sociétés plus résilientes, mieux armées face à l'incertain, mais elle a plutôt abouti au contraire à les rendre intolérantes au doute et allergiques au risque. Dans un contexte de judiciarisation croissante des rapports sociaux, et en l'absence le plus souvent de toute certitude, comment le juge peut-il alors susciter l'adhésion des parties à ses décisions ? La confiance apparaît comme un antidote à l'incertitude.

(Coll. Droit privé et sciences criminelles, 90 p., 13 euros)

ISBN : 978-2-343-18231-5, EAN EBOOK : 9782140128677

Structures éditoriales du groupe L'Harmattan

L'Harmattan Italie
Via degli Artisti, 15
10124 Torino
harmattan.italia@gmail.com

L'Harmattan Hongrie
Kossuth l. u. 14-16.
1053 Budapest
harmattan@harmattan.hu

L'Harmattan Sénégal
10 VDN en face Mermoz
BP 45034 Dakar-Fann
senharmattan@gmail.com

L'Harmattan Cameroun
TSINGA/FECAFOOT
BP 11486 Yaoundé
inkoukam@gmail.com

L'Harmattan Burkina Faso
Achille Somé – tengnule@hotmail.fr

L'Harmattan Guinée
Almamya, rue KA 028 OKB Agency
BP 3470 Conakry
harmattanguinee@yahoo.fr

L'Harmattan RDC
185, avenue Nyangwe
Commune de Lingwala – Kinshasa
matangilamusadila@yahoo.fr

L'Harmattan Congo
67, boulevard Denis-Sassou-N'Guesso
BP 2874 Brazzaville
harmattan.congo@yahoo.fr

L'Harmattan Mali
Sirakoro-Meguetana V31
Bamako
syllaka@yahoo.fr

L'Harmattan Togo
Djidjole – Lomé
Maison Amela
face EPP BATOME
ddamela@aol.com

L'Harmattan Côte d'Ivoire
Résidence Karl – Cité des Arts
Abidjan-Cocody
03 BP 1588 Abidjan
espace_harmattan.ci@hotmail.fr

L'Harmattan Algérie
22, rue Moulay-Mohamed
31000 Oran
info2@harmattan-algerie.com

L'Harmattan Maroc
5, rue Ferrane-Kouicha, Talaâ-Elkbira
Chrableyine, Fès-Médine
30000 Fès
harmattan.maroc@gmail.com

Nos librairies en France

Librairie internationale
16, rue des Écoles – 75005 Paris
librairie.internationale@harmattan.fr
01 40 46 79 11
www.librairieharmattan.com

Librairie l'Espace Harmattan
21 bis, rue des Écoles – 75005 Paris
librairie.espace@harmattan.fr
01 43 29 49 42

Lib. sciences humaines & histoire
21, rue des Écoles – 75005 Paris
librairie.sh@harmattan.fr
01 46 34 13 71
www.librairieharmattansh.com

Lib. Méditerranée & Moyen-Orient
7, rue des Carmes – 75005 Paris
librairie.mediterranee@harmattan.fr
01 43 29 71 15

Librairie Le Lucernaire
53, rue Notre-Dame-des-Champs – 75006 Paris
librairie@lucernaire.fr
01 42 22 67 13

www.ingramcontent.com/pod-product-compliance
Lightning Source LLC
LaVergne TN
LVHW011013061026
849535LV00006B/1863